Michael Wallner

Karl

Michael Wallner

KARL

Roman

PIPER

Mehr über unsere Autorinnen, Autoren und Bücher:
www.piper.de

Wenn Ihnen dieser Roman gefallen hat, schreiben Sie uns unter Nennung des Titels »Karl« an empfehlungen@piper.de, und wir empfehlen Ihnen gerne vergleichbare Bücher.

Von Michael Wallner liegen im Piper Verlag vor:
Alain-Liebermann-Reihe (3 Bände)
Die Korffs (3 Bände)
Die gespaltene Stadt
Der Griff nach den Sternen
Karl

ISBN 978-3-492-07341-7

Georgenstraße 4, 80799 München, *www.piper.de*
Für einen direkten Kontakt und Fragen zum Produkt
wenden Sie sich bitte an: *info@piper.de*
Satz: Satz für Satz, Wangen im Allgäu
Gesetzt aus der Janson MT Pro
Druck und Bindung: GGP Media GmbH, Pößneck
Printed in Germany

Dank an Stefan Rieckhoff
für den Neubeginn

KAPITEL 1

DAVOS, SCHWEIZ, MÄRZ 2010

Schnee, Schnee, statt Sonne Schnee. Auf zweitausend Metern blies der Schneesturm Karl entgegen. Die Kälte schnitt wie mit Messern. Er keuchte gegen die Elemente an. Rundum das Nichts, das weiße, wirbelnde Nichts. Blind umhüllt von flockiger Pracht, lief er hinein in die gleichgültig bedrohliche Landschaft, gegen den Wind, gegen die Kälte. Karl war über siebzig, trotzdem fühlte er sich dem Schneetreiben gewachsen. Er empfand weder Furcht noch Wut noch Schwäche.

Ein Blick zurück, dort lag Davos. Ein unbekanntes Gefühl, die Berührung mit Mächten, in deren Umarmung Vernichtung lag, ließ ihn weitermarschieren. Doch der Wind haute wie mit Sensen und riss Karl zu Boden. Da lag er, die Schneeschuhe von sich gestreckt.

Und plötzlich hörte der Wind auf. »Urschweigen«,

murmelte Karl. »Nicht eine Vogelstimme.« In seinem ganzen Leben hatte er nie solche Stille gehört. *Schneetreiben, Unfugtreiben, Unvernunft,* dachte er und bekämpfte beginnende Unklarheit auf unklare, fieberhafte Art. Er empfand Freiheit, absolute Freiheit. Wenn er *verschwand,* bedeckt von der weißen Macht, wäre der Tod, dem er im Augenblick näher war, als er wusste, ein grandioser Abgang. Die Freiheit, die Karl in Anspruch nahm, die Instanz, die er anerkannte – war das *Ich.* Das Leben hatte mit ihm begonnen und würde mit ihm enden. Sobald es vorbei war, war das Ganze vorbei: die Welt, das Haus Chanel, der weiß gepuderte Zopf, die Sonnenbrille. Mit seinem Tod würde es nichts mehr davon geben.

Er blickte an sich hinunter. Der Unterleib war schon zugeschneit, nur der Oberkörper im Anorak von Yamamoto ragte noch aus dem weißen Leichentuch hervor. Vielleicht würde man ihn erst in Jahrtausenden finden, so wie diesen Mann im Eis. Allerdings würde man ihn, Karl, sofort erkennen, da die Sonnenbrille nicht verweste. Er richtete die Augen in die Höhe. Der Himmel graute, oder war das schon die Dämmerung? Ein unvergesslicher Anblick.

Ein Wildhüter fand ihn eine Stunde später, als er den dunklen Fleck im Schnee für das Aas eines Wildschweins hielt. Man brachte den stark unterkühlten alten Mann in die Hochgebirgsklinik, wo seine vitalen Werte stabilisiert wurden. Karl ließ alles über sich ergehen. Die Fragen der Ärzte, warum er das Wagnis eingegangen war, sich bei diesem Wetter von Davos zu entfernen, beantwortete er nicht. Sein weißes Haar mit dem Trockenshampoo hob sich kaum vom Weiß des Kissens ab.

Das Wetter war besser geworden. Blasses Blau zeigte sich zwischen schleierdünnen Wolken. Die Natur meinte es gut mit Karl, und eine Art von Rührung ergriff ihn. Was er da draußen im Schnee geträumt hatte, war am Verblassen. Was er gedacht hatte, verstand er schon nicht mehr. Es verschwand endgültig, als er den Telefonanruf erhielt.

Mit mehrstündiger Verspätung hatte Baptiste von Karls Abenteuer im Schnee erfahren.

Mit zwanzig Jahren war Baptiste Giabiconi das erfolgreichste Männermodel der Welt. Er entschuldigte sich bei Karl. »Ich hatte den ganzen Tag Fotoaufnahmen.«

»Es ist alles in Ordnung.«

»Aber ich war nicht für dich da.«

»Was hättest du von Paris aus schon für mich tun können?«

»Ich komme zu dir!«, rief Baptiste.

»Rede keinen Unsinn. Die behalten mich ein paar Tage hier, dann nehme ich den nächsten Flieger.«

»Nein, ich komme!«

»Musst du nicht nach Los Angeles?«

»Nicht so wichtig.«

»Wann ist das genau, Baptiste?«

»Übermorgen.«

Karl setzte sich auf. »Du fliegst gefälligst nach L.A., mein Bester.«

»Der Auftrag dauert fünf Wochen. Ich kann unmöglich fünf Wochen lang von dir fort sein, während du …«

»Ich habe noch nie, aus welchem Grund auch immer, eine berufliche Vereinbarung abgesagt. Noch kein einziges Mal. Nicht als mein Vater starb, nicht als meine Mutter gestorben ist, noch nicht einmal, als Jacques seine HIV-Diagnose bekam. An diesem Tag habe ich eine Fotoserie im Bois de Boulogne geschossen. Das nennt man Professionalität, die ich auch von dir erwarte. Du fliegst nach Amerika, ich kuriere mich aus, und in fünf Wochen sehen wir uns wieder.«

Sekundenlang blieb es still.

»Mit trotzigem Schweigen erreichst du bei mir nichts«, sagte Karl.

»Da ist noch etwas anderes. Ich habe eine Katze.«

»Ich weiß.«

»Sie heißt Choupette.«

»Niedlich.«

»Sonst, wenn ich auswärts arbeite, hat meine Nachbarin auf sie aufgepasst. Aber die Frau muss ins Krankenhaus zu ihrem krebskranken Mann. Sie kann sich diesmal nicht um die Katze kümmern. Da dachte ich …«

»Ja?«

»Dein Haus ist so groß. Choupette würde dich bestimmt nicht stören. Sie ist ganz lieb und verschmust.«

»Nichts, was man als *verschmust* bezeichnen könnte, hat jemals in meinem Haus gewohnt.«

Man hörte ein Seufzen. »Ich habe es mir schon gedacht.«

»Baptiste, ich hatte noch nie ein Haustier. Mein Vater hat den Hund, der mich als Kind gebissen hatte, erschossen. Im Übrigen glaube ich nicht an das Konzept, Haustiere zu halten. Wildtiere sind in Ordnung, weil sie dem Gleichgewicht der Natur dienen. Ohne den Wolf würde das Reh großen Schaden anrichten. Aber Haustiere sind nur dazu da, damit verwitwete Rentnerinnen sich nicht so einsam fühlen. Haustiere scheißen auf die Straße, sie bellen zu den unmöglichsten Zeiten …«

»Choupette bellt nicht«, warf Baptiste ein.

»Katzen zerkratzen Möbel, besonders die wertvollen.«

»Ich habe verstanden«, gab Baptiste nach. »Ich hätte es nicht ansprechen sollen. Du hast gerade genug mit dir selbst zu tun.«

Dieser Satz gab Karl einen Stich. Sein Palais hatte tausend Quadratmeter; was würde eine kleine Katze auf tausend Quadratmetern schon anstellen können? Und sollte sie wirklich einem Polstermöbel zu Leibe rücken, so bekäme der Dekorateur von Chanel eben etwas zu tun.

»Natürlich kann Choupette vorübergehend bei mir bleiben«, sagte Karl sonnig. »Am besten, du gibst sie Martine. Die weiß bestimmt, was man für eine Katze vorbereiten muss. Sie soll mir Choupette nach Hause bringen.«

»Bist du sicher?«

»Mach keine große Sache daraus.«

»Martine braucht für Choupette nichts zu besorgen!«, rief Baptiste erleichtert. »Ich gebe ihr alles mit, den Fressnapf, den Kratzbaum, das Katzenklo …«

»Keine überflüssigen Details.«

»Du bist ein Schatz!«

»Ein *Schatz* … war ich noch nie«, entgegnete Karl indigniert.

Nachdem sie aufgelegt hatten, ließ er den Kopf zurücksinken. Eine fremde Katze würde durch seine Räume in der Rue de l'Université streunen, sie würde miauen und ihre Notdurft in Karls Haus verrichten. Das konnte ja etwas werden!

PARIS, DREI TAGE SPÄTER

Karl betrat sein Palais wie ein Dieb in der Nacht. Die Reiseverspätungen hatten sich multipliziert. Der Arzt, der die Visite unnötig ausgedehnt hatte, der Hubschrauber, der demzufolge verspätet abhob und die Linienmaschine in Zürich verpasste. Das dämliche Warten in einer V. I. P.-Lounge, samt Belästigung durch namenlose V. I. P. s. Dann der wackelige Flug! Man hätte dem Kapitän für dieses erbärmliche Gezuckel die Lizenz entziehen müssen. Der Chauffeur, der es nicht rechtzeitig durch den Pariser Abendverkehr geschafft hatte, weshalb Karl ein Taxi nehmen musste.

Als er endlich vor seinem Haus abgesetzt wurde, fühlte Karl eine unbekannte Nervosität. Sonst empfand er bei jeder Heimkehr Erleichterung, dem dummen Treiben der Welt entflohen zu sein, und die Vorfreude auf lieb gewonnene Rituale: das Bad mit der Essenz aus Mandelöl und wilder Zitrone, das Menü vom Ritz, die Umarmung seiner Bücher mit den Augen.

Diesmal tippte er ängstlich den Sicherheitscode ein, erschrak über den Lärm, den die Tür machte, tat vorsichtige erste Schritte im Foyer. Es brannte Licht, natürlich, Martine war ja gerade noch hier gewesen.

»Länger kann ich nicht bleiben«, hatte sie am Telefon gesagt.

»Gehen Sie nur«, antwortete Karl. »In einer halben Stunde bin ich zu Hause.«

»Man kann ein Tier in einem fremden Haus nicht allein lassen.«

»Nicht mal eine halbe Stunde?«

»Choupette ängstigt sich.«

»*Ich* ängstige mich, wenn ich daran denke, dass dort eine Bestie auf mich wartet.«

»Choupette ist …« Martine unterbrach sich.

»Ja? Was ist Choupette?«, rief Karl, alarmiert durch ihr Schweigen. »Heraus mit der Sprache! Was ist Choupette?«

»Kompliziert«, antwortete Martine. »Nein, kapriziös, nein, eher maliziös, könnte man sagen.«

»Das Maliziöse wird ihr sofort abgewöhnt«, entgegnete Karl. »Sperren Sie sie irgendwo ein, wo sie keinen Schaden anrichtet. Wenn ich komme, lasse ich sie raus.«

»Das ist kein guter Einstieg für ein Tier in fremder Umgebung.«

»Guter Einstieg?« Karl lachte grimmig. »Bin ich die Heilsarmee? Sie soll froh sein, dass sie ein Dach überm Kopf hat.«

»Ich habe ein paar Dosen Katzenfutter auf die Anrichte gestellt.«

»Merci, Martine.«

»Und den Dosenöffner, weil ich annehme, Sie wissen sonst nicht, wo der zu finden ist.«

»Noch einmal merci, Martine.«

Keine halbe Stunde später schlich Karl Lagerfeld durch sein Haus wie ein Einbrecher. In Räumen, in denen es nicht hell genug war, drehte er jedes verfügbare Licht auf. Das Palais wirkte verlassen, doch er spürte die fremde Existenz in seinem Heim mit jeder Faser.

»Wo bist du?«, rief er, zuerst verhalten, von Zimmer zu Zimmer schleichend. »Wo bist du?!«, wiederholte er immer lauter. »Komm heraus und begrüße mich! Du bist nur eine Katze, ich bin der Hausherr. Ich finde es unwürdig, Haustiere zu halten. Ich würde mir niemals freiwillig ein Tier zulegen, da dann jeder sofort wüsste: Karl Lagerfeld ist einsam. Ich bin nicht einsam. Wo bist du?«

Er hatte übersehen, dass Choupette schon eine Weile hinter ihm saß, auf *seinem* Sessel. Niemand anders durfte in *seinem* Sessel sitzen, und tatsächlich hatte es auch noch nie jemand gewagt. Die Katze saß aufrecht da wie eine Sphinx und betrachtete den Mann, dessen Haar eine ähnliche Farbe hatte wie ihr Fell. Choupette war eine französische Birma-Katze, langhaariger als gewöhnliche Exemplare, geboren in Fontaine-sous-Préaux unter dem Züchtungsnamen Guimauve du Blues Daphnée.

Sie streckte sich und legte sich in Karls Sessel lang hin. Aus großen, ernsten blauen Augen musterte sie den

Fremden. Durch das leise Geräusch fuhr er herum, seine Augenbrauen zuckten hoch, er trat einen Schritt zurück.

»Im ganzen Haus gibt es keinen unpassenderen Platz für dich als diesen«, sagte er in gehörigem Abstand.

Choupette hob den Kopf.

»Augenblicklich verlässt du meinen Sessel.« Er wartete, nichts geschah. »Ich habe nicht die Absicht, dich herunterzuheben, doch wenn du nicht gehorchst, werde ich es tun.«

Choupette bewegte den Schwanz ein wenig.

Karl wagte sich näher. »Dieser Sessel stammt aus dem Jahr 1928, das ist Schweizer Art déco. Ich habe ihn in Bern gekauft. Es ist mir gelungen, den Originalbezug zu erhalten. Ich gehe davon aus, dass du gerade auf diesen meinen rotsamtenen Sessel haarst. Du schlägst deine Krallen in einen fast hundertjährigen Stoff. Das ist inakzeptabel.« Noch ein Schritt. »Runter mit dir. Hörst du, Choupette?«

Als er sie zum ersten Mal beim Namen rief, zeigte die Katze einen Anflug von Interesse.

»Mau«, machte sie. Weiter nichts. Nicht etwa Miau oder ein klägliches Miiiauuu. Es war ein Statement, eine Feststellung, ein kurzes, unmissverständliches »Mau«.

Karl versuchte es im Guten. »Du verstehst mich also? Umso besser. Choupette, verlasse meinen Sessel«, befahl er.

Nachdenklich betrachtete sie den sonderbaren Menschen mit dem hohen, weißen Kragen, dem hauteng sitzenden schwarzen Anzug, den schwarzen Handschuhen und den ungewöhnlich vielen glitzernden Ringen an den Fingern. Choupette blieb liegen.

Karl fiel ein, dass man bei Tieren mit der Aussicht auf Futter am meisten erreichte. »Ich habe etwas für dich«, lockte er. »Etwas Leckeres, in der Küche, komm, wir sehen uns das mal an.«

Er tat, als liefe er in die Küche, und drehte sich um. Choupette hatte sich nicht gerührt.

»Wie du willst.« Missmutig verließ er den Salon. »Ich mache jetzt eine dieser verdammten Dosen auf«, murmelte er. »Ich klatsche den Fraß in den Napf und stelle ihn auf den Boden, wo sich eine Katze aufzuhalten hat. Dann kommt sie bestimmt runter von ihrem Thron.« Er unterbrach sich. Ihr *Thron?* Dass er solch einen Gedanken überhaupt fassen konnte! »Das wird nie dein Thron. Niemals!«

Er fand Dosen und Öffner auf der Anrichte. Drei Geschmacksrichtungen standen zur Auswahl, Thunfisch, Lachs, Ente. Wenn ich eine Katze aus Birma wäre, wofür würde ich mich entscheiden? Er griff zur Lachsdose. Die Handhabung des Dosenöffners fiel ihm schwer, es gelang ihm nicht, bis zum Lachs vorzudringen. Bei der Ente hatte er mehr Erfolg, rümpfte die Nase über den Geruch und nahm einen Löffel. Mit abgewandtem Kopf holte er das Zeug aus der Büchse und ... Wo war der Napf? Hatte Baptiste nicht versichert, die gesamte Grundausrüstung zu bringen? Oder sollte Martine vergessen haben, Choupettes Fressnapf bereitzustellen?

Da stand Karl, mit der unangenehm riechenden Entenpampe auf dem Silberlöffel, und wusste nicht, wo er sie abladen sollte. Den Löffel angewidert balancierend, öffnete er Oberschränke, fand nichts als das Teeservice Marie-Antoinettes, das er bei Sotheby's ersteigert hatte, griff generv t nach einem Dessertteller und klatschte den Brei darauf. Das sah nicht appetitlich aus; Karl drückte das Zeug ein wenig zurecht. Mit der königlich angerichteten Ente betrat er den Salon.

Choupette war verschwunden.

Karl stellte den Teller auf den Boden und eilte zum Sessel. Seine Befürchtung bewahrheitete sich: Das Vieh haarte! Auf dem roten Bezug entdeckte er lange, weiße Haare. Augenblicklich musste der Schaden behoben werden! Dazu brauchte er seine besondere Bürste, mit der er sonst Flusen von Anzügen entfernte. Karl stürzte die Treppe in den Ankleideraum hoch. Dort lag die Bürste gut sichtbar bereit und ...

Dort lauerte sie. Frech stand Choupette zwischen Karl und seiner Bürste.

»Du bist tot«, flüsterte er. »Wenn du es weiterhin so

treibst in meinem Haus, bist du tot. Geh hinunter, da steht Ente für dich. Friss und lass mich zu meiner Bürste. Ich muss den Sessel von deinen Haaren befreien.«

»Mau«, war die Antwort.

»Was soll das heißen? Magst du Ente nicht?« Seine Haltung entspannte sich etwas. »Ich kann es dir nicht verdenken.«

»Mau.« Choupette machte kehrt und gab den Weg frei.

Karl griff zur Bürste und folgte ihr.

Unten angelangt, hatte er Gelegenheit, die Geschmackssicherheit der Katze zu bestaunen. Sie lief zum Teller Marie-Antoinettes, schnupperte und wandte sich indigniert ab.

»In diesem Punkt sind wir einer Meinung.« Karl ließ die Bürste über den Sesselbezug tanzen. »Aber was mache ich jetzt mit dir? In meinem Haus soll niemand hungern.«

Gelassen kam Choupette näher. »Mau?«

»Ja, ich bin auch hungrig. Ich habe …« Er überlegte. »Genau genommen habe ich seit dem Frühstück in der Schweiz nichts mehr gegessen. Wer würde das Zeug im Flugzeug wohl hinunterbekommen?«

Als Karl mit der Bürste zurücktrat, war Choupette mit einem Sprung wieder auf dem Sessel. Er wollte sie tadeln, wollte Regeln festlegen, doch er lächelte.

»Du magst Art déco, wie mir scheint. Mir geht es genauso. Oben in der Bibliothek habe ich noch andere außergewöhnliche Stücke. Aber davon später, jetzt wollen wir erst einmal das Ritz bemühen.« Er griff zum Telefon. »Es ist das Einfachste, wenn du das isst, was ich esse«, sagte er über die Schulter. »Das spart die Handhabung des Dosenöffners.« Er drückte die Kurzwahl. »Stell bloß nichts an, während ich telefoniere.« Er drohte ihr mit dem Hörer.

Choupette nahm das als Aufforderung, den Sessel zu verlassen und zu ihm zu kommen. Zu seinen Füßen blickte sie hoch.

»Schöne Augen hast du ja, das muss man dir lassen. ... Hallo? ... Lagerfeld. Wie schnell können Sie hier sein? Wir sind sehr hungrig.« Er beugte sich vor. »Sind wir doch, richtig? ... Ja, für zwei ähm ... Personen. Zweimal den *Thon rouge sauvage.*« Ein Seitenblick zu Choupette. »Der Thunfisch aus dem Ritz wird dir schmecken. ... Einmal mit Spaghetti. Und anschließend das *Bœuf de race Normande.* Dazu Salat und *Purée de pommes de terre.* ... Nein, nichts Süßes, danke. ... Gut, wir erwarten Sie. Danke.« Er legte auf.

Karl ging vor Choupette in die Hocke. »Das Püree kannst du weglassen, wenn du es nicht magst.« Behutsam hob er die Hand. »Ich esse abends sonst nicht so schwer, aber es war ein langer, anstrengender Tag, und du sollst ...«, vorsichtig senkte er die Hand, »... du sollst ein Willkommensmenü kriegen.« Er streichelte die Katze mit dem silbrig weißen Haar. »*Bienvenue*, ich bin Karl.«

»Mrrrrr«, antwortete Choupette.

KAPITEL 2

PARIS, HERBST 1989

»Mach kein Licht«, flüsterte Karl.

»Aber ich sehe nichts«, antwortete Martine.

»Nur im Dunkeln sieht man alles.«

Martine, Karls Gewandmeisterin, zweimal verheiratet, zweimal geschieden, Mutter eines Sohnes, der nach Amerika gezogen war, hielt ein Blouson aus changierender Wolle vor Lagerfelds Gesicht. »Ich soll diese Naht höher setzen?«

»Die Naht geht zu tief runter, das erkennt jeder vernünftige Mensch.«

»Bei Licht könnte ich das vielleicht erkennen.« Sie hörte Karls ungeduldiges Seufzen. »Wenn ich die Naht höher setzen soll, muss ich das Ganze noch einmal auftrennen.«

»Tja, bedauerlich. Aber ich meine, diesen Wunsch

bereits mehrmals geäußert zu haben«, entgegnete er ungehalten. »Es soll sich fließend bewegen. Sonst kann das ja kein Mensch anziehen.«

»Soweit ich weiß, wird das auch nie ein lebender Mensch anziehen.« Sie suchte nach einer Reaktion, doch sein Gesicht blieb versteinert.

Karl gestattete Martine, eine Arbeitslampe einzuschalten. Er selbst lief ans andere Ende des Salons und nahm ein Buch über Emil Nolde zur Hand. Wie er mit der dunklen Sonnenbrille lesen konnte, war Martine ein Rätsel. Die Rundbogenfenster waren mit dunklem Samt verhängt, kein Schimmer fiel herein, nur schwaches Kerzenlicht spiegelte sich im Lack des Flügels. Die Noten des Chansons von Jacques Prévert lagen aufgeschlagen da: *Pour toi.* Bei Tageslicht hatten die Le-Corbusier-Sessel einen cremefarbenen Ton, in der Düsternis wirkten sie wie graue Klötze. Das japanische Gemälde mit den roten Vögeln verwandelte sich in eine apokalyptische Vision.

Martine hörte nicht, dass Karl den Salon verließ, sie spürte nur den Luftzug. Oben würde er nun an den Bücherwänden entlangstreichen. Karl hatte eine eigene Art von Bibliothek erfunden. Die Bücher standen nicht senkrecht, sondern lagen auf schmalen Regalen als kleine Stapel. Bei senkrechten Büchern störte ihn, dass er den Kopf schieflegen musste, um etwas zu entziffern. Nach seiner

Bücherwanderung würde er an den Schreibtisch gehen, zum Filzstift greifen und das Kostüm eines geharnischten Königs entwerfen.

Die Glaskuppel über der Bibliothek war dunkel. In dieser Welt der Schemen und Grautöne saß Karl tatsächlich am Schreibtisch, aber er zeichnete nicht. Er hielt einfach nur still. Das Leben verstrich, egal, ob man daran teilnahm oder nicht. Manchmal hörte er in der Düsternis die Schritte seiner Eltern. Sie hatten nie einen Fuß in dieses Haus gesetzt, und doch war er sicher, dass sie hier umgingen. Sie folgten ihm überallhin.

»Du kannst alles im Leben werden, nur kein Langweiler«, hörte Karl die Stimme seiner Mutter. »Wenn du dich mit mir unterhalten willst, gib dir Mühe. Du bist sechs, ich nicht. Also gib dir Mühe oder halte den Mund.« Seine Mutter hatte Karls frühe Tagebücher mit den Worten verbrannt: »Das braucht niemand zu wissen, wie doof du bist.«

Sein Blick fiel auf das Originalgemälde von Emil Nolde, *Die Anbetung der Könige.* Im Zwielicht betrachtete er den grünen Mantel Melchiors, der mit dem blauen Tuch der Maria korrespondierte. König Kaspar hatte einen roten Bart, Balthasar war nur zur Hälfte dargestellt. Vorhin hatte Karl im Nolde-Buch gelesen, dass dieses

Bild 1933 entstanden war. Im selben Jahr war ein österreichischer Gefreiter deutscher Reichskanzler geworden. Und er, Karl, hatte das Licht der Welt erblickt.

BERLIN, 1930

Glücksklee war in Deutschland ein Begriff wie Persil oder Volkswagen. Schon Jahre vor der Gründung der Firma Glücksklee gab es in Amerika die Pacific Coast Condensed Milk Company, die Otto Lagerfelds Lebensweg bestimmen sollte. Otto ähnelte einem preußischen Junker des 19. Jahrhunderts. Die Enden seines Schnäuzers standen verwegen ab, der Vatermörderkragen quetschte ihm das Kinn, doch so verbarg er, dass er einen dicken Hals hatte. In einem Hamburger Kaffeeunternehmen ausgebildet, schickte ihn seine Firma nach Venezuela, von wo er nach San Francisco übersiedelte und das große Erdbeben 1906 nur knapp überlebte. Er verließ die zerstörte Stadt und reiste an die kanadische Grenze. Man stellte ihn als Handelsvertreter bei der Carnation Company ein. Dort lernte er alles, was man über Dosenmilch wissen musste.

Vor Beginn des Ersten Weltkriegs brach in Russland eine verheerende Rinderseuche aus, Milch wurde Mangelware. Ottos Firma sandte den jungen Lagerfeld über den Pazifik nach Wladiwostok, wo er das Importgeschäft für Kondensmilch übernahm. Der Handel florierte selbst noch während des Krieges, bis die Oktoberrevolution das Gesicht des Zarenreiches verwandelte. Ein deutsch-amerikanischer Ausländer mit Einfluss auf die sowjetische Milchwirtschaft war verdächtig. Otto wurde festgenommen und so lange verhört, bis er ein Geständnis ablegte, das ihn als US-Spion entlarvte. Seine Hinrichtung stand bevor. Das Herz von Agafja, einer russischen Witwe, gehörte Otto Lagerfeld; sie verhalf ihm zur Flucht und wurde dafür selbst füsiliert.

Der Hafen Wladiwostok und damit der Weg in die USA waren ihm versperrt. Otto sah keine andere Möglichkeit, als sich in die Gegenrichtung aufzumachen. Drei Monate lang schlug er sich durch das riesige Land, bis er eines Aprilabends im Jahr 1918 Hamburg erreichte. Er wog noch achtundvierzig Kilo.

1919 gründete er die Firma Lagerfeld & Co., importierte Kondensmilch aus den USA und führte 1923 seine eigene Marke Glücksklee ein. Das rot-weiße Etikett mit dem grünen Kleeblatt entwarf er selbst. Seine Milchgesellschaft mbH war die erste ihrer Art in Deutschland. Er produzierte Milch mithilfe holsteinischer Kühe und mit bester Vertriebsanbindung an die Ostsee. Otto heiratete und bekam eine Tochter, deren Mutter im Kindbett starb.

Hamburg war Hansestadt, Handelsplatz, Industriezentrum, ein schmuckloses Gewirr von Kontoren, Fabriken und Lagerhallen. Ein Witwer, der etwas erleben wollte, machte sich besser auf in die Metropole, die mit Paris und New York wetteiferte. Berlin wollte glänzen, verwöhnen, verführen. Berlin war das Mekka der neumodischen Kaufhäuser, Tempel des Geldes, Kathedralen des Konsums, wo es vom Hosenknopf bis zu Schillers gesammelten Werken alles gab, von Obst, arrangiert zu Pyramiden, über Käse, groß wie Wagenräder, bis zur Damenwäsche aus Seide und Satin.

Otto Lagerfeld betrat das Kaufhaus Wertheim in der Leipziger Straße. Er hatte keinen speziellen Einkaufswunsch, schlenderte durch die Küchenetage, bestaunte mechanische Gemüsehobel, hölzerne Deckelhalter, Dampfeinsätze für Hefeklöße und geriet ohne Absicht oder Hintergedanken in die Damenunterwäscheabteilung. Otto Lagerfeld war achtundvierzig Jahre alt, er hatte zwischen Venezuela und Wladiwostok vieles gesehen, aber die überwältigende Auswahl von feinen weißen Hemdchen, Schlüpfern, Strumpfbandhaltern, Bustiers und Korsetts war wie die Entdeckung eines Kontinents. Otto verlor sich in dieser reinweißen Welt, stand versonnen vor Modellen mit Drahtverstärkung, berührte Morgenroben aus Organza, winzige Kleidungsstücke aus Tüll oder Spitze.

»Für die Frau Gemahlin?«, fragte eine Stimme hinter ihm.

Otto hatte ein Seidennegligé inspiziert, es löste sich vom Bügel und rutschte zu Boden. Geistesgegenwärtig fing er es auf und blickte zu der Unbekannten hoch.

Seit den Zwanzigerjahren war der Bubikopf nichts Neues und blieb doch Ausdruck der Freiheit. Die Kurzhaarfrisur dieser Verkäuferin war eine feministische Aussage.

»Suchen Sie etwas für Ihre Gattin?«

Otto kam vor der groß gewachsenen Frau hoch und übergab ihr das Negligé. »Ich bin nicht … Nein.«

»Vielleicht für die Freundin? Welche Größe suchen Sie?«, setzte sie mit einer Geste auf das verwirrende Sortiment hinzu.

»Ich habe … mich nur so umgesehen.«

Sie musterte den Mann, der seine beginnende Korpulenz durch einen geschickt geschneiderten Anzug kaschierte. »Herrenunterwäsche finden Sie ein Stockwerk höher.«

»Ich wollte eigentlich in die Delikatessenabteilung.« Er legte die Hand an den Hutrand. »Entschuldigen Sie, Frau …«

»Fräulein.«

»Pardon.« Umsonst suchte er den Ausgang aus dem weiblichen Labyrinth.

»Wussten Sie, dass es Frauen erst seit hundert Jahren erlaubt ist, Unterhosen zu tragen?«, rief sie ihm nach.

Otto Lagerfeld wandte sich um und nahm den Hut ab. Sie hatte ihn zurückgerufen, also hielt sie ihn nicht für eine vulgäre Person. »Wirklich? Nein, das wusste ich nicht.« Schritt für Schritt kehrte er zu der jungen Verkäuferin zurück.

»Die Hose war seit Anbeginn der Zeit ein männlich besetztes Kleidungsstück.«

»Das ist richtig.«

»Sind Sie auch der Meinung, dass Frauen nicht die Hosen anhaben sollten, Herr …?«

»Lagerfeld, Otto.« Er machte eine tadellose Verbeugung.

»Mein Name ist Elisabeth. Wollen Sie das Modell einer frühen Damenunterhose sehen, Herr Lagerfeld?«

»Ich wüsste nicht, warum …«

»Sie stehen direkt davor.«

Elisabeth präsentierte ihm eine der Unaussprechlichen, wie man sie zu Kaisers Zeiten genannt hatte.

Er schüttelte den Kopf. »Das ist keine Hose. Das sind bestenfalls zwei Röhren, die man in der Taille zusammenbindet.«

Zum ersten Mal lächelte sie. »Sind Sie Ingenieur?«

»Nein, Hamburger.«

»Die Delikatessenabteilung liegt in dieser Richtung, Herr Lagerfeld.«

»Danke, Fräulein Elisabeth.« Otto hätte nun gehen können, aber etwas ließ ihn zögern. »Ich überlege, ob ich mich bei Ihnen für die fachkundige Beratung revanchieren könnte.«

»Revanchieren, in welcher Weise?« War das ein Lächeln, hatte sie geschmunzelt?

»Zum Beispiel mit einem Glas Sekt in der Delikatessenabteilung. Wann hätten Sie Pause, Fräulein Elisabeth?«

Karl Lagerfeld betrachtete inzwischen nicht mehr *Die Anbetung der Könige.* Er hatte den Schreibtisch verlassen und stand im Halbdunkel vor dem Hochzeitsporträt seiner Eltern.

»So ist es gar nicht gewesen, Mama. Ich will nicht, dass es so war«, sagte er zu seiner Mutter. »Du hast dich nicht von einem fremden Mann, der in Damenunterwäsche wühlte, ansprechen lassen. Du warst keine namenlose Verkäuferin, die man abschleppen konnte. Du warst Künstlerin, Aristokratin, liberal für deine Zeit. Du warst eine frühe Feministin.«

Die Mutter, die Karl durch Intelligenz und scharfen Witz wie mit Peitschen durch seine Kindheit getrieben hatte, schwieg still. Beide Eltern Lagerfeld blickten ihrem Sohn in verblassendem Schwarz-Weiß entgegen, ihrem Karl, der sein Pariser Palais seit Wochen nicht mehr verlassen hatte, der es in diesen Räumen niemals Tag werden ließ, ihrem trauernden Karl, der seine Trauer schöpferisch umsetzte, indem er fantastische Kostüme für einen Toten schneidern ließ.

KAPITEL 3

PARIS, JULI 1972

Das Wetter war stiller, aber der Sommer ging dahin ohne Sonne. Nachts hatte der Regensturm Karl ein Paar Hosen vom Balkon geweht. Er verbrachte bereits Stunden entnervender Mühen am Schreibtisch. Er, der ein Cocktailkleid sonst in drei Minuten entwarf, fand, was er aktuell zeichnete, unwürdig. Er hielt es für ausgeschlossen, die Kollektion schon in drei Wochen zu präsentieren, und fragte sich, wie er die Energie aufbringen sollte, weiterhin Blatt auf Blatt zu schichten und die Ergebnisse an die Werkstätten zu schicken, wo Martine und ihr Stab die Prototypen für das Prêt-à-porter anfertigen sollten.

Karl wurde wütend über jede Belästigung und zitterte vor Erschöpfung, wenn er ausnahmsweise ein Telefongespräch führen musste. Er hasste das Telefon. Nie rief er selbst jemanden an, das Angerufenwerden schloss er vollkommen aus. Er weigerte sich, erreichbar zu sein. Er war nicht Jedermann, also durfte er auch nicht von Jedermann belästigt werden. Er ließ seine Assistentinnen für sich telefonieren.

Die Grundidee hinter seiner neuen Kollektion sollte nichts Geringeres als die Liebe in ihrer sinnlichen Übersinnlichkeit sein, wobei das Unmoralische als Kontrast diente. Doch wie sollte Karl Bilder für Sinnlichkeit finden, wenn nichts sinnlich Amoralisches in ihm loderte? Was er in Wahrheit empfand, war mangelnder Lebensmut und Arbeitsratlosigkeit.

Er trat vor den Spiegel. Früher war sein lustvolles Streben stets von Erfolg gekrönt gewesen. Er durfte behaupten, dass seine frühen Jahre alles hielten, was seine Jugend versprochen hatte: Schönheit, Eleganz, Glanzstück jedes Abenteuers. Der Welt in leichtem Schwung über den Rücken zu springen war ihm stets leichtgefallen. Heute, und der Spiegel bestätigte es ihm, wies sein Gesicht erste Merkmale des Alters auf. Karl war neununddreißig, wenngleich er fünf Jahre weniger zugab.

Doch da er an sich und anderen nichts so sehr hasste wie Wehleidigkeit, betrat er abends wie üblich in Begleitung seiner Entourage die Brasserie in Montparnasse. Andächtige Stille trat ein. In diesem verlängerten Moment entdeckte Karl einen jungen Mann. Ein Neuling, einer vom Lande, der Paris erobern wollte wie einst d'Artagnan, der Dümmling. Die Brust unter dem Hemd weit entblößt, der unmögliche Schal, die grotesk engen Jeans. Auch sein Bart war eine Zumutung. Ungepflegte schwarze Stoppeln gingen in einen formlosen Schnäuzer über.

Karl selbst brauchte täglich eine Stunde, bis der Bart seinen Ansprüchen gerecht wurde. Nach dem Waschen wurde er vom Friseur geföhnt, mit einer runden Bürste in Form gekämmt und die Kinnspitzen mit einem Rasierapparat egalisiert. Brillantine fixierte Karls Bart; zuletzt besprühte er ihn mit *Narcisse Noire*.

Dieser Junge brauchte dringend einen Modeberater, dabei konnte sich Karl auf den ersten Blick eine endlose Reihe von Verkleidungen für ihn vorstellen. Hüte mit Atlasfutter, Gamaschen zum spiegelnden Lackschuh, grüne Krawatten, Handschuhe aus Wildleder, Saffianpantoffeln und glattgoldene Zigarettendosen. Dieser Junge hatte eine wahrhafte Kostümerscheinung! Holder Jugend Wunschbild, dachte Karl und wies seine Entourage an, an einem entfernten Tisch Platz zu nehmen. Er selbst trat vor den jungen Mann. »Sind Sie zum ersten Mal hier?« Er zupfte eine Fluse von dessen Schulter. »Darf ich sagen, dass Ihr Besuch einen Fortschritt in der Zusammensetzung dieses Lokals bedeutet?«

Der Junge stand nicht auf. In seinem Blick, seiner Stimme witterte Karl Lässigkeit. »Wie liebenswürdig, Monsieur.«

»Ich möchte Sie auch wegen Ihrer angenehmen Stimme loben.«

»Wollen Sie sich zu mir setzen, Monsieur …?«

»Karl.«

»Jacques.«

»*Bonsoir*, Jacques. Ich bin mit Freunden hier, wie Sie sehen, wünschte mir aber, so eine unerwartete Bekanntschaft nach Belieben fortzusetzen.«

»Was denn, Sie haben keine Zeit für mich, Karl?«, erwiderte Jacques mit gespielter Enttäuschung.

»Im Augenblick nicht, nein.«

»Aber Sie hätten Zeit für mich, wenn Sie … Zeit hätten?«

»So viel Sie wollen, Jacques.«

»Wann, Karl?«

»Heute, um elf Uhr nachts.«

Das Automatiktor öffnete sich so präzise, dass Karl das Tempo des Bentley nicht zu drosseln brauchte. Geschmeidig hielt er auf dem Vorplatz des Palais. Sie blieben sitzen.

»Ein schöner Wagen.«

»Ich bin zufrieden. Was fahren Sie?«

»Eine Ente.« Jacques schmunzelte.

»Wie bodenständig.«

»Es ist unser Familienauto. Wir fahren es gemeinsam.«

»Aber sagten Sie nicht … Ihr Adelstitel, Ihr Schloss?«

Jacques warf sich in Positur. »Sie sehen vor sich: Jacques de Bascher du Beaumarchais, dessen Familie 1818 von König Ludwig XVIII. geadelt wurde, nachdem wir in der royalistisch-katholischen Gegenrevolution die Truppen der Republik bekämpft hatten.«

»Ein Royalist, der Ente fährt«, schmunzelte Karl. »Wollen wir?«

Sie traten ein. Er führte den jungen Mann in den Salon. Lichter flammten auf, Lampen mit japanischem Keramikfuß, Kandelaber in Form angewinkelter Arme, indirektes Licht von der vergoldeten Kassettendecke. Sie überspannte einhundertfünfzig Quadratmeter.

»Was stellt dieser Raum dar?« Jacques überspielte, wie beeindruckt er war.

»Mein Wohnzimmer.«

»Hier könnte man Fußball spielen.«

»Ich warne Sie, es zu probieren. Die Böden sind empfindlich.«

»Ist es nicht ungemütlich, in einem so großen …?«

Pikiert drehte Karl sich um. »Ach, Sie hätten es gern gemütlich mit Kanapee und Hauspantoffeln? Dann sind Sie bei mir falsch, Monsieur. Ich tanze hier sogar gelegentlich, da ich zum Tanzen niemals ausgehe.«

»Was tanzen Sie am liebsten?«

»Ich nehme Tangounterricht. Tanzen Sie Tango?«

»Wenn Sie es mir beibringen.«

Als Jacques näher kommen wollte, hielt Karl ihn mit einer Geste auf. »Bleiben Sie, wo Sie sind! Nein, besser, Sie gehen zurück zur Tür. Kommen Sie noch einmal herein.«

Amüsiert gehorchte Jacques und klopfte sogar an.

»Entrez!«, rief Lagerfeld und mimte den Überraschten. »Wie, was ist das? Ein Adelsherr, ein junger Mann von Stand tritt bei mir ein, zu dieser Stunde, da ich sonst der Ruhe pflege?«

»Sie selbst haben den Wunsch geäußert, Monsieur«, spielte Jacques mit.

»Sie sagen den *Wunsch* und meinen den Befehl, den ich erteilte«, deklamierte Karl. »Doch in Ihrer Keckheit und weil Sie jung sind und schön, jung und dreist, glauben Sie, mein Befehl speise sich aus sehnsüchtigem Begehren!«

»Haben Sie diesen Text gerade erfunden, Karl?«

»Quatsch.« Indem Lagerfeld die Hausbar öffnete, zerstörte er die gekünstelte Situation. »Das ist irgendwas von Molière, ich habe vergessen, woraus. Was trinken Sie? Chablis?« Er wartete Jacques' Antwort nicht ab und entkorkte die Flasche. Für sich nahm er eine Cola.

Sie redeten bis zum Morgengrauen, dann bat Karl den jungen Mann zu gehen.

Die Überraschung war Jacques anzusehen. »Ich hatte angenommen …«

»Ja?«

»Ich hoffte, Sie … bringen mir ein paar Tangoschritte bei.«

»Ein andermal.« Karl stand auf. »Ich habe Lust zu arbeiten.«

»Um fünf Uhr früh? Schlafen Sie nie, Karl?«

»Schlaf wird überschätzt.« Er brachte den enttäuschten Besucher zur Tür.

Kaum war er wieder allein, lief Karl, nein, er *rannte* die Treppe in sein Arbeitszimmer hoch und machte alle Lichter an. Über der Glaskuppel zeigte sich schon der Tag. Nicht mehr lange, und die Sonne würde ein scharfes Viereck auf die Bronzestatuette des schlafenden Knaben werfen, den Karl bei der Arbeit immer vor sich hatte. Er glaubte fest daran, dass dieser Knabe an seiner Stelle schlief.

Ihm blieben noch drei Wochen, bis die Haute-Couture-Kollektion von Chloé für das Defilee fertig sein musste. Bis zur heutigen Nacht war ihm das als Ding der Unmöglichkeit erschienen. In den Werkstätten herrschte hektische Ratlosigkeit. Die Stickerinnen hätten längst an dem großen Brautkleid arbeiten müssen, aber Karls Entwurf dafür fehlte noch.

Doch nach dieser Nacht war Karl der Überzeugung,

dass alles mühelos zu schaffen sei. Dank Jacques de Bascher stand die Vision nun deutlich vor ihm: sinnliche Übersinnlichkeit und als Kontrast dazu Unmoral!

KAPITEL 4

PARIS, AUGUST 1972

Zum Ärger von Martine wollte Karl das Brautkleid noch einmal geändert haben. In seinem neuesten Entwurf kamen zwei ausladende Krinolinen dazu, mit der Konsequenz, dass Martine und ihre Damen bis zur Präsentation kaum zum Schlafen kommen würden. Das Brautkleid wurde zu einem Drachen, der ihre Lebenszeit verschlang.

»Nimm ihre Maße«, seufzte Martine.

»Warum?«, fragte Adrienne, die Marokkanerin mit korsischem Vater.

»Weil sie das Brautkleid präsentieren soll.« Als Adrienne nicht gleich spurte, griff Martine selbst zum Maßband. »Dann mache ich es eben. Schreib mit.«

Martine legte das Maßband um Oberweite, Taille und Hüfte des Models. »Fünfundsiebzig … sechsundsiebzig … fünfundachtzig.« Nun kamen die Brust- und die Rückenbreite dran. »Vorne einunddreißig, hinten einunddreißig. Die Beine ein Meter einundzwanzig. Um die Schultern vierundneunzig, Abstand der Brüste achtzehn.«

Währenddessen stand das Mannequin bewegungslos da. Wackelnde oder quatschende Models konnte Martine nicht leiden. Da gab es schon mal einen Knuff in den Rücken.

»Wann machst du Pause?«, fragte Adrienne.

»Irgendwann«, murmelte Martine zwischen zwei Maßangaben.

»Reichen dir zwei Stunden Schlaf?«

Martine nickte.

»Dann gehe ich nach dir in die Pause.«

Es waren die Tage der endlosen Nächte, Schichtbetrieb, wie in einer Fabrik. Chloé war eine Fabrik.

Karls Assistentin brachte den Tüll für die Krinolinen. »Er will zwei Millimeter große Ösen, sagt er.«

»Je größer die Öse, desto leichter der Stoff.« Martine begutachtete das Gewebe. »Bei Karl muss immer alles schweben.«

»Er fragt, ob ich ihm schon was raufbringen kann.«

»Du hast sie wohl nicht alle. Wegen der verdammten Krinolinen muss ich das Kleid noch einmal in seine Einzelteile zerlegen. Karl soll mich anrufen. Dann erzähle ich ihm mal etwas zu seiner *Vision*.«

Als hätte Lagerfeld seine Ohren überall, läutete das Telefon. Adrienne ging dran.

»Er ist es«, flüsterte sie. »Die Mädchen warten auf die Modelle.«

»Die Mädchen können mich mal«, zischte Martine, während Karls Assistentin sich aus dem Atelier verdrückte.

»Soll ich ihm das so sagen?«

»Bist du verrückt?« Martine nahm den Hörer und hielt ihn zu. »Er ist der von Gott Gesandte«, flüsterte sie mit bösem Humor. »Er ist das Gefäß, in das der Allmächtige seine Inspiration fallen lässt. Du kannst mit *Gottes Gefäß* so nicht sprechen.« Sie hob den Hörer ans Ohr.

»Karl? … Ja, ich weiß. Ich will es Ihnen aber nicht halb fertig schicken. … Vielleicht kann ich Ihnen um Mitternacht etwas zeigen. … Danke, Karl, danke für Ihre Geduld.« Martine verdrehte die Augen und legte auf. »Warum kann er uns nicht fünf Minuten in Ruhe lassen?«

Sie legte den Tüllballen auf den Tisch. Mit den Spitzen der Schere markierte sie den ersten Schnitt. Dann glitt die große Schere in einer kühnen Bewegung durch das feine Gewebe. Ein Streifen Tüll sank zu Boden.

Beim Entrollen des Ballens stieß Martine mit Adrienne zusammen, die am Nebentisch arbeitete.

»Entschuldige.«

»Nicht deine Schuld. Uns fehlt es an Platz, Platz, Platz!«, schnaubte Martine. »Wir sollen riesige Gewänder auf winzigen Tischen schneidern.« Sie richtete sich auf. »Meine Kreuzschmerzen bringen mich noch um.«

Die Assistentin tauchte zum zweiten Mal auf. »Ich soll ihm einen grünen Stoff bringen.«

»Schau im Lager nach. Dort ist alles, was wir an Grün haben.«

»Ich weiß aber nicht genau ...«

»Kannst du denn gar nichts allein?«, zischte Martine. »Er will einem Mädchen ein Stück grünen Stoff umbaumeln. Also hol dir irgendwas und lass uns arbeiten.« Ein Blick auf die Uhr. »Ach, du lieber ... schon halb elf!«

»Das schaffen wir nie«, bemerkte Adrienne.

»Das schaffen wir. Wir haben das noch immer geschafft.«

Gegen ein Uhr nachts erhielt Karl Besuch in den Firmenräumen von Chloé. Er empfing Jacques in jenem Salon, den sie das Defileezimmer nannten, weil die Models hier genug Platz hatten, um zu paradieren.

Mit Missfallen betrachtete Karl die feuchten Schuhe des Besuchers. »Du trägst den ganzen Dreck herein.«

»Schlechte Laune?« Jacques küsste ihn.

»Lass das. Ich habe da was an der Lippe.«

Lächelnd legte Jacques seinen leichten Mantel ab. »Besonders schlechte Laune sogar.«

Karl durchmaß das Zimmer. »Ich verstehe nicht, was diesmal mit Martine los ist. Ich verlange zwei einfache Krinolinen, aber sie stellt sich an, als müsste sie erst Nadel und Faden erfinden. Außerdem hat die Klöppelfirma die Borten nicht geliefert, und zwei Stickerinnen sind krank.«

Während Karl lamentierte, trat Jacques an die Bar und bediente sich beim Weißwein. »Du auch?«

»Für mich nichts.«

Jacques trank Chablis. »Soll ich besser wieder gehen?«

»Unsinn. Zieh deine Schuhe aus.«

Auf Socken lief Jacques an den Kleiderpuppen entlang, machte vor dem wandbreiten Spiegel halt, richtete sein Haar und ließ die Hand über eine grüne Seidenschleppe gleiten. »Sind das die neuen Klamotten für die Show?«

»Klamotten?« Gefährlich langsam drehte Karl sich um. »Ach, ich verstehe: Monsieur de Bascher denkt, was hier geschieht, hat absolut nichts mit ihm zu tun.«

»Es ist eben noch ein bisschen fremd für mich, was du beruflich machst.«

»Du bist heute Morgen vor deinen Kleiderschrank

getreten, nehme ich an, und hast diesen orangefarbenen Pullunder ausgesucht, der dir übrigens zu eng ist, weswegen du die Maschen unnötig dehnst.«

»Karl, hör doch ...« Jacques witterte Gefahr.

»Dieser Pullunder ist aber nicht orangefarben, er ist auch nicht lachsfarben, er imitiert vielmehr eine bestimmte Schattierung von Apricot. Doch da er aus billigem Material ist, haben wir es mit einem billigen Farbton zu tun. Willst du wie eine billige Aprikose aussehen?«

»Karl, ich wollte dich nicht ...«

»Das war eine rhetorische Frage.« Er öffnete eine Colaflasche. »Du, mein Freund, hast keine Ahnung, dass Mario Valentino 1967 eine Kollektion apricotfarbener Sweater präsentiert hat, worauf Yves Saint Laurent mit apricotfarbenen Militärjacken auf den Trend aufgesprungen ist. Die Farbe tauchte in der Folge in den Kollektionen von neun verschiedenen Designern auf und nahm ihren Weg durch die Kaufhäuser, bevor man sie auf den Wühltischen der Discounter wiederfand, wo du diesen Pullunder herausgefischt hast.« Er trank einen Schluck. »Diese Farbe repräsentiert dennoch einen weltweiten Milliardenumsatz und zahllose Arbeitsplätze, und es ist zum Lachen, dass du annimmst, du hättest heute eine originelle Entscheidung getroffen, als du diesen Pullunder aus dem Schrank genommen hast.«

Jacques stellte das Weinglas ab, zog den Pullunder

aus und warf ihn in die Ecke. »Entschuldige.« Im offenen Hemd trat er vor ihn. »Kannst du mir verzeihen?«

»Ausziehen«, sagte Karl nüchtern.

»Ich soll mich …« Lächelnd öffnete Jacques die Hosenknöpfe. Gleich darauf war der junge Mann abwärts der Hüfte nackt.

Karl setzte sich auf das Sofa. »Du schläfst mit Frauen, höre ich.«

»Hast du etwas dagegen, dass ich auch mit Frauen schlafe?«

»Wieso sollte ich? Weg mit dem Hemd!« Er musterte den nackten jungen Mann. »Die Frauen können von Glück sagen, dass ihre Siebensachen den Männern so gut gefallen. Aber das wahre Meisterstück der Schöpfung, der Inbegriff der Schönheit, das bist du. Weißt du, dass du apollinische Beine hast?«

»Wirklich?«

»Weißt du, wer Apollo ist?«

»Nicht im Augenblick.«

»Apollo ist der Gott des Lichts, der sittlichen Reinheit, der Dichtkunst und der Bogenschützen. Er wird überall mit schönen Beinen dargestellt.« Karl musterte Jacques' Brust, den schlanken Arm, die Andeutung der Rippen.

Als der Junge mit zärtlichem Lächeln auf ihn zukam, sagte Karl: »Nimm den Chiffon dort.«

»Den ... was?« Irritiert blieb Jacques stehen. Sein Blick glitt zwischen den Kleiderpuppen hin und her.

»Das Grüne, nimm den grünen Schleier.«

Jacques hob den Stoff von der Puppe.

»Leg ihn dir über die Schulter ... Nein, die linke.«

Der Stoff floss an Jacques herab. Kokett achtete er darauf, dass sein Gemächt noch zu sehen war.

»Lass den Unsinn.« Karl drapierte das grüne Tuch, bis er zufrieden war. »Du könntest ein römischer Flötenbläser sein«, sinnierte er. »Nimm mal dort von diesen ...«

Bevor Jacques verstand, griff Lagerfeld selbst nach den Grissini, die in einer Schale lagen, und reichte Jacques das längliche Gebäck. »Du kennst Grissini? Angeblich hat ein Bäckermeister sie 1675 für König Amedeo II. erfunden, der an Verdauungsstörungen litt.«

»Ich soll das essen?«, fragte Jacques, zunehmend verwirrt.

»Nimm es in den Mund. Spiel darauf.«

Wieder das frivole Lachen. »Verstehe.« Jacques deutete eine vulgäre Mundbewegung an.

Karl seufzte ungehalten. »Hast du wirklich nur eine einzige Fantasie? Es soll eine Flöte darstellen. Spiel darauf.«

Eingeschüchtert tat Jacques, was ihm befohlen wurde.

Karl griff zur Polaroidkamera, schob den Jungen ins rechte Licht und sah durch den Sucher. »Bei den Römern waren Flötenbläser angesehen. Wer sein Instrument perfekt beherrschte, durfte einen Senator oder Volkstribun zu seinen Mäzenen zählen.«

»Das grüne Ding ist also meine Toga? Müsste sie nicht eigentlich weiß sein?«

»Die Römer waren Meister der Färbekunst. Ihre Gewänder hatten die leuchtendsten Farben, übrigens auch ihre Statuen. Die Jahrhunderte haben die Farben vom Marmor abgewaschen. Deshalb glaubt heute jeder, die Römer wären in weißen Bettlaken rumgelaufen.«

Jacques war des Spiels müde. »Darf ich mich setzen?«

»Als Mannequin würde ich dich sofort feuern. Die Mädchen müssen oft stundenlang bewegungslos stehen, bis alles an ihnen abgesteckt wurde.« Karl betrachtete das Ergebnis der Polaroids.

»An bewegungsloses Dastehen habe ich heute Nacht eigentlich nicht gedacht.« Jacques streckte den nackten Arm aus.

Karl ließ sich von ihm zum Sofa ziehen, setzte sich aber in einigem Abstand. »Es ist an der Zeit, dass du etwas verstehst. Ich betrachte Sex als Freizeitbeschäftigung für junge Leute. Wenn man älter wird, sollte man sich mit anderen Dingen befassen.«

»Du bist doch nicht alt, Karl.«

»Ist Sex denn wirklich so wichtig, dass man ihn ausüben oder auch nur darüber reden sollte?« Er bemerkte

Jacques' Ratlosigkeit, seine Enttäuschung und streichelte freundschaftlich dessen Knie. »Gewisse Dinge solltet ihr jungen Leute unter euch ausmachen. Einverstanden?«

»Aber was tun wir dann hier ... jetzt?«

»Wir stellen Verkleidungen für dich zusammen.«

»Noch mehr Verkleidungen?«

»Ich denke an einen spanischen Stierkämpfer.« Energisch sprang Karl auf. »Wir brauchen ein gesticktes Jäckchen mit Schulterüberfällen. Am besten in Blau.« Ratlos sah er sich zwischen den Kleiderständern um. »Martine wüsste sofort, wo sie so etwas findet. Um diese Zeit bin ich ein Fremder im eigenen Haus.«

»Wo sind denn alle? Deine Clique, meine ich?«

»Ich habe keine *Clique.* Diese Leute arbeiten für mich. Ich hoffe, dass sie zu Hause im Bett liegen, denn um sieben Uhr früh müssen sie wieder Gewehr bei Fuß stehen.«

»Gewehr bei Fuß? ... Aus deinem Mund klingt das sehr deutsch.«

»Die Deutschen haben kein Monopol auf den Krieg«, entgegnete Karl. »Im Übrigen leg bitte nicht jedes meiner Worte auf die Goldwaage. Mir geht manches durch den Mund, bevor es mir durch den Kopf geht.«

Sie setzten sich auf die Couch.

»Wo hast du den Krieg erlebt, Karl?«

Ein strenger Blick. »Erlaube mal: den Krieg *erlebt?* Ich war gerade zur Welt gekommen, als es losging. Meine

Familie wohnte in der Nähe von Hamburg. Wir hatten einen Bauernhof mit Kühen und Hühnern.«

»Wann bist du geboren?«

»1938. Voilà.«

KAPITEL 5

BISSENMOOR, HOLSTEIN, 1938

Die Villa leuchtete von Weitem aus dem Föhrenwald. Das Gebäude mit Treppe zur Veranda, einem Türmchen auf dem First, den Bogenfenstern und dem Fassadenstuck war von Otto Lagerfeld von Grund auf renoviert worden. Man betrat zuerst eine riesige Diele mit schwarzweißem Terrazzoboden und einem altfränkischen Jagdgemälde. Von der hinteren Terrasse überblickte man die Gärten und Wiesen.

Dieser Idylle zum Trotz gestaltete sich das Leben vor den Toren Bad Bramstedts alles andere als beschaulich, denn Ottos Baulust war zügellos. Er erweiterte das Haus, er brach durch und hob Dachstühle an. Kaum ein Tag, an dem nicht Baumaschinen lärmten, an dem nicht gesägt, gehämmert und von den Handwerkern auf Plattdeutsch geflucht wurde.

Dass Otto Lagerfeld ständig Anträge auf bauliche Veränderungen einreichte, machte die Gemeinde Bad Bramstedt nervös. Die Beamten kamen mit der Prüfung baupolizeilicher Vorschriften nicht mehr nach. Als Otto, einer Genehmigung vorauseilend, einen Kornspeicher mit Doppelsilo errichten ließ, sah man sich gezwungen einzuschreiten. Bei der Begutachtung vor Ort überzeugte Otto den Bürgermeister aber, dass er den vorgeschriebenen Mindestabstand zum Nachbargrundstück eingehalten hatte. Die Beamten verabschiedeten sich mit respektvollem »Heil Hitler!«.

Sechs Jahre nach der Machtergreifung hatte sich Otto Lagerfeld dem neuen Ton angepasst und war der Partei beigetreten. Sein Sohn, der kleine Karl Otto, war fünf Jahre alt.

»Bedecke deinen Himmel, Zeus, mit Wolkendunst«, diktierte Elisabeth Lagerfeld. Sie trug Weiß von Kopf bis Fuß, es war die Jahreszeit der endlosen Tage und kurzen Nächte.

Elisabeth las, was der Junge geschrieben hatte. »Wie viele Ms hat der Himmel?«

Karl Otto blickte vom Schreibheft auf. »Wie viele sind es, *maman*?«

»Was du schreibst, ist nicht der wahre Himmel. Einen

Himel gibt es nicht. Merke auf: Himmel, Hammel, Hummel schreibt man mit zwei M.«

»Warum ist das so?«

»Es ist Gesetz.«

»Wer hat das Gesetz gemacht?«

»Du bist fünf. Lerne die Gesetze erst, bevor du sie hinterfragst.« Sie nahm ihren Gang durch das Zimmer wieder auf und diktierte weiter: »Bedecke deinen Himmel, Zeus, mit Wolkendunst, und übe, dem Knaben gleich, der Disteln köpft …«

Als er vier Jahre alt war, hatte Elisabeth ihren Sohn animiert, sich selbst das Lesen beizubringen. Mit fünf ließ sie ihn den *Prometheus* von Goethe niederschreiben, das aufrührerische Gedicht über einen Einzelgänger, der sich zum Gott erhob und die alten Götter stürzte.

Sie fuhr fort: »Hast du nicht alles selbst vollendet, heilig glühend Herz? Und glühtest, jung und gut …«

»Habe ich auch ein heilig glühend Herz, *maman*?«

»Das will ich hoffen. Du wirst es brauchen, wenn du kein Langweiler werden willst.«

»Was ist ein Langweiler?«

»Ein Konsument. Er liest die Zeitung, er interessiert sich für Klatsch, gehört einer Partei an und kleidet sich wie die Mehrheit. Die größte Angst des Langweilers ist es aufzufallen.«

»Und wie ist dieser Prometheus?«, fragte Karl.

»Er ist schöpferisch. Das ist das Wichtigste von allem. Den schöpferischen Menschen kümmert es nicht, was rund um ihn geschieht, er erschafft seine eigene Welt und stürzt die alten Götter.«

»Wer sind die alten Götter, *maman*?«

»Du erkennst sie, wenn du sie siehst, Karl Otto. Zeig mir mal deine Fingernägel.«

Gehorsam hob er die Hände. Sie waren sauber.

»Du bist heute noch nicht draußen gewesen?«

»Ich habe gezeichnet.«

»Geh an die Luft. Das Wetter ist angenehm. Achte darauf, dass deine Finger nicht so schwarz werden wie die deiner Schwester.«

»Ich würde aber lieber zeichnen, *maman*.«

»Alles zu seiner Zeit.« Sie nahm den Goethe wieder zur Hand. »Hat nicht mich zum Manne geschmiedet die allmächtige Zeit und das ewige Schicksal …«

Als sie fertig waren, trug Elisabeth ihrem Sohn auf, das Gedicht im Park auswendig zu lernen. Karl zog die Straßenschuhe an, lief zur Terrassentür und wartete, bis seine Mutter in ihren Räumen verschwand. Neben dem Ausgang gab es eine unscheinbare, selten benutzte Pforte zu einem Treppenhaus. Karl stahl sich hinein und stieg auf den Dachboden. Dort verbarg er seinen Schatz: Seine Eltern lasen den *Simplicissimus*, eine Wochenzeitschrift, die er liebte, weil in ihr ein Geist herrschte, den er nicht benennen konnte, der ihm aber gefiel, der Geist von Satire und Ironie. In diesen Heften wurde gegen die bürgerliche Moral, die Kirche, die Beamten, sogar gegen das Militär gewettert. Für Ausgaben, auf denen Männer mit Stahlhelmen das Titelbild zierten, hatte Karl allerdings wenig übrig, sein Interesse galt den Bildern mit Frauen.

Sobald ein *Simplicissimus* ins Altpapier geworfen wurde, schaffte Karl ihn auf den Speicher. Er schob eine Obstkiste unter die Dachluke, wo genügend Licht hereinfiel, legte Buntstifte, Radiergummi, Feder und Tusche bereit. Dieses Heft trug den Titel »Der kleine Zwischenfall« und zeigte zwei junge Damen mit entblößten Beinen in freizügigen Kostümen. Die Vordere trug ein Korsett mit Bustier, ein geraffter Schleier bedeckte ihren Schoß nur spärlich. Sie hielt ein Blumenbouquet über den sonst freizügig präsentierten Busen. Die hintere Dame trug übertrieben viele Armbänder, sie stützte den Ellbogen auf den Tisch. Beide lachten, beide hatten Champagnercocktails vor sich.

Karl fand das Bild entzückend. Er begann die Schwarz-Weiß-Zeichnung zu kolorieren. Am schwierigsten erschien ihm, die Hautfarbe zu treffen; dafür gab es keinen Buntstift. Karl benutzte ein zart aufgetragenes Gelb, setzte Schattierungen von Rot darüber und fügte feine grüne Striche hinzu. Er zeichnete, solange das Licht reichte, dann verstaute er seinen Schatz, ging die Treppen hinunter und huschte nach draußen zur Terrasse. Nach dem langen Regen war der Boden aufgeweicht, Karl patschte absichtlich mit den Schuhen im Schlamm, um zu beweisen, dass er an der Luft gewesen war.

Beim Eintreten hörte er die Stimme seiner Mutter: »Nicht mit schmutzigen Schuhen in den Salon!«

Er streifte sie ab. Karl war hungrig und freute sich auf Butterbrote und Tee.

Die Mutter fing ihn ab. »Zeig mir deine Fingernägel.« Er präsentierte sie. »Du bist der sauberste Fünfjährige, den ich kenne.«

Später, nach dem Abendessen, durften Karl und seine ältere Schwester Christel im Salon bleiben, bis die Kinderfrau sie zu Bett brachte. Christel wurde ihrer Fingernägel wegen getadelt. Sie war oft im Stall, herzte die Schweine, ärgerte die Hühner und erschreckte die Kälber. Wenn Karl und sie losgeschickt wurden, Eier zu holen, wartete er vor der Stalltür und hielt sich die Nase zu.

An den Abenden unterhielten sich die Eltern, solange die Kinder im Raum waren, auf Französisch. *»On ne peut pas supposer qu'il sera satisfait de l'Autriche. Il possède les Sudètes, il a la Rhénanie, tous les signes indiquent la guerre.«* Otto blätterte die Zeitung um. *»Et nous produisons du lait que ce soit en paix ou en guerre.«*

Karl hasste die Tatsache, dass seine Eltern eine Geheimsprache hatten; dieses Rätsel musste unbedingt gelöst werden. Er bestand darauf, Französischunterricht zu bekommen. Eine Flüchtlingsfrau aus Polen wurde engagiert, die an einer französischen Schule unterrichtet hatte. Wenige Monate später war das Geheimnis seiner Eltern für ihn keines mehr.

BISSENMOOR, SOMMER 1940

Mit dem Codewort »Großmutter gestorben« hatte die Wehrmacht im September 1939 den Einmarsch in Polen eingeleitet. SS-Angehörige verkleideten sich als polnische Widerstandskämpfer und täuschten einen Überfall auf den deutschen Radiosender Gleiwitz vor. In derselben Nacht marschierten drei Millionen Soldaten an Polens Grenzen auf, mit vierhunderttausend Pferden und zweihunderttausend Fahrzeugen. Die Polen rechneten mit der Unterstützung durch Frankreich und Großbritannien, doch ein Angriff der Westmächte blieb aus. Nach Zerschlagung der polnischen Verteidigung durch die Deutschen begann Stalin mit der Besetzung Ostpolens.

Im Mai 1940 fand der deutsche Vorstoß durch Holland und Belgien statt, die Schlacht um Frankreich begann bereits im Juni. Fünf Tage später überschritten deutsche

Soldaten die Seine und besetzten die Hauptstadt. Um deren Zerstörung zu verhindern, wurde Paris zur offenen Stadt erklärt und von den französischen Truppen kampflos geräumt. Deutschland konnte für den weiteren Kriegsverlauf auf die Ressourcen aus West-, Mittel- und Osteuropa zurückgreifen, Industriegüter aus Böhmen, Erz aus Schweden, Agrargüter aus Polen, Erdöl aus Rumänien. Für die Versorgung der Wehrmacht mit Dosenmilch zeichnete die Firma Glücksklee verantwortlich. Das vierblätterige Kleeblatt tauchte von Narvik bis Nordafrika, von Warschau bis an den Atlantik auf.

Karl Ottos Schulweg führte über eine Landstraße zur Jürgen-Fehrendorf-Schule. Bei schönem Wetter nahm er eine Abkürzung über Felder und Wiesen. Anfangs machte er einen Bogen um die großen Tiere, die frei umherliefen, doch als sie ihn nur versonnen ansahen und weiterkauten, traute er sich näher heran und gab ihnen Namen: Helma, Linda, Dolly, Berta. Zu Hause erklärte Karl, die Kühe würden auf ihre Namen hören.

Eines Tages versperrte ein unbekannter Zaun die Wiese, dahinter weideten Kühe, die er noch nicht kannte. Karl ließ sich nicht vorschreiben, wo er langzulaufen hatte, und kletterte über den Zaun. Die dunkelbraunen Tiere gefielen ihm wegen ihrer Größe. In seinem leuchtenden blau-weißen Matrosenanzug, den roten Schulranzen über der Schulter, lief er auf sie zu. Doch diese Kühe reagierten nicht mit versonnener Gelassenheit. Erst als er näher kam, erkannte er den Grund dafür. Die breite Brust, der mächtige Kopf, ihre kraftvolle Schönheit, gepaart mit aggressiver Dummheit – intuitiv begriff Karl, dass junge männliche Wesen schön und zugleich dumm waren, dass ihre Schönheit die Dummheit gewissermaßen voraussetzte. Er trat näher an die Stierkälber heran, erfüllt von seiner geistigen Überlegenheit ... Doch das hätte er nicht tun sollen. Aus ihrem bulligen Starren wurde blinde Angriffslust. Der vorderste Stier senkte den Kopf, scharrte mit dem Huf und setzte sich in Bewegung. Karl machte kehrt und rannte. Am Getrampel hinter sich erkannte er, dass sie gemeinsam hinter ihm her waren.

Karl hatte körperliche Gewalt nie kennengelernt. Niemand schlug ihn, niemand drohte ihm, er war der zarte Kleine, den man mit Sanftheit behandelte. Die Waffe seiner Mutter war die Sprache, ihre eisigen Bemerkungen, mit denen sie seine Widerstandsfähigkeit stählte. »Deine Nase ist eine Kartoffel. Bestell dir Vorhänge für deine aufdringlichen Nasenlöcher. Setz keine Hüte auf, sonst siehst du aus wie eine alte Lesbierin.«

Karl selbst brachte seine Schulkameraden mit verschiedenen Strategien dazu, Dienste für ihn zu erledigen. Die Jungs fügten sich, weil er ihnen im Gegenzug Schulbücher lieh. Manchen Familien fehlte das Geld, die Unterrichtsbücher zu kaufen. Die Kameraden gehorchten Karl auch, weil er ihnen an Sprachfertigkeit überlegen war.

Die half ihm im Moment allerdings nicht. Er rannte wie nie zuvor in seinem Leben. Der Zaun schien unendlich weit weg. Das Getrampel kam näher, Karl würde es auf seinen kurzen Beinen nicht schaffen. Er hätte sich flach zu Boden fallen lassen können, fürchtete aber, in einem Kuhfladen zu landen, was ihm widerlicher erschien, als von einem Stierhorn erwischt zu werden.

Nicht aus Vernunft oder Tapferkeit, sondern aus schierer Verzweiflung machte er halt, drehte sich um, warf den Schulranzen zu Boden und breitete die Arme aus. »Halt! Verdammte Bande!«, schrie er aus Leibeskräften. *»Arrêtez-vous!«*

Und wirklich, der Leitstier stoppte. Mit gesenktem Kopf und rot unterlaufenen Augen starrte er den Zwerg an.

»Bon. C'est bien.« Langsam ließ Karl die Arme sinken. *»Au revoir, messieurs,* ich werde mich jetzt zurückziehen und freue mich, Ihre Bekanntschaft gemacht zu haben.«

Schritt für Schritt lief er rückwärts, seine Gegner nicht aus den Augen lassend. Dass er sich seines Sieges nicht so sicher fühlte, wie er vorgab, erkannte man daran, dass er den roten Ranzen liegen ließ. Die Dienerschaft fand ihn am nächsten Tag zertrampelt und zur Hälfte aufgefressen auf der Weide.

BISSENMOOR, JUNI 1943

Nachdem die eingeschlossenen deutschen Truppen in Stalingrad kapituliert hatten, ging Generalfeldmarschall Paulus mit den Überlebenden in sowjetische Kriegsgefangenschaft. Danach war die Wehrmacht gezwungen, an der gesamten Ostfront den Rückzug anzutreten. Die Lufthoheit der Alliierten über Deutschland wurde erdrückend. Nach Entschlüsselung der deutschen Funkspruch-Codes war auch die Atlantikschlacht für deutsche U-Boote verloren. Amerikanische Truppen landeten in Sizilien.

Auch in Holstein wurde häufig Bombenalarm ausgelöst, da britische und amerikanische Flieger auf ihrem Weg zu den Rüstungszentren an der Ostsee auch Bad Bramstedt überflogen. Auf dem Rückweg kam es zu Notabwürfen; die Bomben gingen auf Feldern nieder, Gebäude wurden zerstört.

Trotzdem führte Karl Ottos Schule den Unterricht störungsfrei weiter. Allerdings mussten die Jungs beim Bau von Panzersperren helfen. Die gebräuchlichste Art stellten die sogenannten *Hitlerzähne* dar, zahnförmige Erhöhungen aus Beton, die sich in versetzten Reihen durch die Landschaft zogen. Nach Benutzung hatten die Jungen die Gussformen für den Beton auszuspülen und zu reinigen.

»Ich kann das nicht«, gab der zehnjährige Karl bekannt.

Sein Klassenlehrer förderte den jungen Lagerfeld meistens, doch angesichts der prekären Kriegslage duldete er keine Drückebergerei. »Willst du etwa deine Pflicht am Vaterland verweigern?«

»Ich will Maler werden«, antwortete Karl. »Und weil für die Hitlerzähne Kalk verwendet wird, sind die Hände meiner Kameraden rot und aufgesprungen«, erklärte er. »Ich darf meine Hände nicht gefährden.«

Der Oberstudienrat befreite ihn vom Kriegseinsatz.

Karls Klassenkameraden nahmen ihm sein Verhalten übel.

Dass sie ihn nicht mehr respektierten, hatte aber auch mit seinem Aussehen zu tun. Karl trug eine Jacke aus schwarzem Samt, dazu ein weißes Hemd, dessen Kragen er hochstellte. Der Vatermörderkragen war längst aus der Mode, doch Karl liebte es, ihn zu imitieren. Im Unterricht hängte er sich einen Feldstecher um, seine Art zu zeigen, dass er weiter sah als die anderen.

Alle zwei Wochen traten die Zehnjährigen beim Dorfbarbier zum Haarschnitt an. Ein Bürstenschnitt war in zehn Minuten erledigt und fühlte sich in der Sommerhitze gut an. Karl trug sein Haar in langen, schweren Locken bis auf die Schultern und nahm an der Haarschneideaktion nicht teil. Diesmal fielen seine Mitschüler über ihn her, banden ihm die Hände auf den Rücken und schleppten ihn zum Friseur.

»Halt besser still, Jungchen, sonst wird es blutig«, lachte der Barbier und setzte die Schneidemaschine an. Karl schwieg verängstigt, während rechts und links Haarsträhnen zu Boden fielen. Am Ende sah er aus wie alle.

Ende Juli 1943 änderte der Kriegsverlauf auch das Leben der Lagerfelds. Unter dem Codenamen »Operation Gomorrha« entfesselten die Alliierten einen Feuersturm auf die benachbarte Hansestadt. Hamburg, das Zentrum der deutschen Rüstungsindustrie, wurde in Schutt und Asche gelegt. Als ein unter der Elbe verborgener Treibstofftank von einer Sprengbombe getroffen wurde, brannte sogar der Fluss. Die Luftangriffe forderten fünfunddreißigtausend Opfer. Die Überlebenden mussten die Stadt verlassen. Eine Million Menschen suchten Zuflucht auf dem Land, auch in Bad Bramstedt, auch auf Gut Bissenmoor. Familie Lagerfeld räumte das obere Stockwerk, lebte im Erdgeschoss und teilte Bad und Toilette mit den Flüchtlingen. Trotzdem war ihr Schicksal noch angenehm im Vergleich zu Millionen anderen. Otto war zu alt, um in die Wehrmacht eingezogen zu werden, Karl zu jung. Außerhalb Bissenmoors herrschte Lebensmittelknappheit. Auf dem Gut ernährte man sich von dem, was wuchs, Kartoffeln, Rüben, Sauerampfer, Wirsing. Otto schmuggelte Pakete der streng rationierten Dosenmilch aus seiner Fabrik.

Deutschland ging unter. Karl Otto saß auf dem Dachboden und malte. Irgendwann gingen ihm die Buntstifte aus. Für schwarze Striche spitzte er von nun an Kohle an, für Rot verwendete er Splitter von Ziegelsteinen. In der schönen Jahreszeit presste er Farben aus den Gartenblumen: Forsythien für Gelb, Flieder für Violett, Rosa gewann er aus den Chrysanthemen.

KAPITEL 6

ST. TROPEZ, SOMMER 1972

»Fast wäre ich zum Militär gegangen.« Mit nacktem Oberkörper lag Jacques auf dem Sofa, während Karl seinen Koffer packte. Sie hatten sich in St. Tropez ein paar Tage erholt, nun musste Karl dringend nach Paris zurück.

»Du hast gedient?« Ein Seidentuch in Händen, sah er den Jungen an. »Du bist sechs Jahre nach dem Krieg geboren.«

»In Frankreich herrscht die allgemeine Wehrpflicht.« Jacques legte die Arme unter seinen Nacken. »Wir Baschers sind eine streitbare Familie. Als männlicher Spross sollte ich das unter Beweis stellen.«

»Und? Hast du?«, fragte Karl spöttisch.

Jacques richtete sich auf. »Ich weiß, du hältst mich für einen Weichling. Und für einen Einfaltspinsel.«

»Ein ungeschliffener Diamant würde es besser treffen.« Karl lief ins Badezimmer. »Wo habe ich die kleine Bürste hingetan?«

»Für gar so auf den Kopf gefallen darfst du mich nicht halten, Karl, auch wenn ich keines der zehntausend Bücher in deiner Bibliothek gelesen habe.«

»Ach, da ist sie ja.« Karl tat die Bürste in den Koffer. »Genau genommen sind es zweihunderttausend Bücher. Einige habe ich in die Bretagne ausgelagert, andere sind in Hamburg.«

Während er weiterpackte, musste Jacques im Zimmer einen regelrechten Tanz um den umhereilenden Lagerfeld aufführen. »Ich habe mich bei der Musterung schlau angestellt. Willst du die Geschichte hören?«

Der Wagen musste gleich kommen, doch die Sache schien dem Jungen wichtig zu sein. Karl nahm eine Orange aus der Schale und setzte sich auf das Sofa. »Natürlich.«

»Zum festgesetzten Termin bin ich vor der Stellungskommission erschienen und musste mich ausziehen. In Unterhosen trat ich vor den Stabsarzt und sagte, dass ich vollkommen diensttauglich sei.«

»Aber wolltest du nicht …?« Karl schälte die Orange.

Jacques sprang in die Mitte des Zimmers und imitierte den Militärarzt. *»Heben Sie die Arme! Nennen Sie Ihr Zivilverhältnis!* Ich sagte, meine patriotische Familie sei der Meinung, ich müsse in die Armee eintreten. Darauf er: *Warum zucken Sie mit den Fingern? Sind Sie nervös? Haben Sie schwere Krankheiten überstanden? Nennen Sie Ihre Schulbildung.«*

Mit Jammermiene trat Jacques vor Karl. »Ich bin in der Schule oft zurückgeblieben«, lamentierte er, »weil mich ein wiederkehrendes Schwindelgefühl geplagt hat. Ich verstand oft gar nicht, was im Unterricht gesagt wurde.«

Karl aß die Orange. »Und was hat er darauf geantwortet?«

»Er fragte, ob ich schwerhörig sei. Ich sollte ans Ende des Zimmers laufen und wiederholen, was er sagte.« Jacques sprang in die hinterste Ecke. »Sag irgendwas, Karl!«

»Teufelsjunge«, murmelte Karl.

»Teufelsjunge!«, wiederholte Jacques.

»Engelsknabe«, murmelte Lagerfeld.

»Engelsknabe!«, brüllte Jacques, kam wie der Blitz zurück und setzte sich breitbeinig auf Karls Schoß. »Ich habe dem Arzt beschrieben, dass ich ständig ein Sausen in den Ohren habe, häufig Krämpfe und verrückte Farbenspiele vor den Augen.«

Unfähig, sich zu befreien, lachte Karl aus vollem Hals.

»Schließlich bin ich besinnungslos zu Boden gestürzt. Der Arzt brachte mir ein Glas Wasser und hat einen roten Stempel auf meine Papiere gesetzt: Ausgemustert.«

Karl küsste den Jungen auf den Mund. »Eine herrliche Geschichte.«

»Sie ist so komisch, weil sie wahr ist.«

Karl schob Jacques beiseite und stand auf. »Wenn ich mir allerdings vorstelle, wie gut dir die Uniform gestanden hätte, ist es schade, dass du diesen kleidsamen Beruf nicht ausprobiert hast.« Er griff zur Jacke. »Es ist Zeit.«

»Du willst mich wirklich nicht mitnehmen?«

»Ich hätte in Paris keine Zeit für dich. Die Werkstätten stehen kurz vor einer Revolution, ich muss die Wogen glätten. Und du kannst in Ruhe an deiner Bräune arbeiten.«

Während sich draußen eine dunkle Limousine vor das Haus schob, lief Karl zur Tür. Als er davonfuhr, sah er den Jungen, der auf der Terrasse stand und winkte.

PARIS, ZWEI TAGE SPÄTER

»Ich kann nicht mehr stehen«, stöhnte Martine. »Ich habe das Gefühl, mein Kreuz bricht gleich durch. Dabei geht die Quälerei noch tagelang weiter.«

Adrienne, die sanftmütige Marokkanerin, lief in die Kammer und kam mit einem Hocker zurück. »Hier, Martine, setz dich.«

»Danke, Adrienne.« Erleichtert nahm sie Platz. Das ganze Atelier brach in Gelächter aus. Nur noch Martines Nase guckte über den Tischrand.

»Ich komme mir vor wie mit fünf Jahren, als ich unbedingt bei den Erwachsenen sitzen wollte«, lachte sie mit.

»Barhocker«, sagte Adrienne. »Wir bräuchten ein paar Barhocker hier.«

»Ich spreche mit Karl. Er wird natürlich falsche Schlüsse daraus ziehen, wozu wir bei der Arbeit Barhocker brauchen.«

»Ein Aperitif zwischendurch wäre nicht schlecht!«, rief eine Näherin. »Für mich einen Pastis!«

»Mir hilft nur noch ein dreistöckiger Cognac.« Martine zeigte der Seidenstecherin, wo sie das Blumenmotiv aufsticken sollte. Sie zog mit dunkler Kreide einen Strich. »Hier, siehst du? Der dreiteilige Blumenstiel läuft nach oben aus.«

Mit dem Stichel setzte die Spezialistin winzige Löcher entlang der Linie. »Darf ich ein Haar von mir einarbeiten?«

»Glaubst du an das alte Märchen?« Martine lächelte.

»Schaden kann es jedenfalls nicht.«

»Was für ein Märchen?«, fragte Adrienne.

»Wenn du eines deiner Haare in ein Brautkleid nähst, wirst du noch in diesem Jahr selbst heiraten.«

»Das mache ich!«, lachte Adrienne. »Bin gespannt, wie mein Mann darauf reagiert.«

Die Älteste in der Runde rief: »Seit Jahren arbeite ich in jedes Brautkleid meine Haare ein, aber bei mir hat es noch nie geklappt!«

»Dann hast du deine Hochzeit noch vor dir!«, gab Martine zurück.

Ein Anruf von oben beendete das übermüdete Geplauder.

»Er will das schwarze sehen«, sagte Adrienne.

Martine übernahm den Hörer und erklärte: »Das Kleid für die Oscarverleihung ist fertig, Karl. Schickst du uns das Model runter? … Gut, wir kommen rauf.«

Während Karl und seine Entourage im Defileezimmer warteten, war Martine im Raum daneben mit den letzten Handgriffen beschäftigt. Bei diesem Kleid hatte Karl eine Vision von schwarzem Tüll und schwarzer Spitze gehabt.

»Vorsicht. Da sind noch Nadeln drin«, sagte Martine.

»Wozu muss ich den Tüllmantel drübertragen?«, fragte das Mannequin. »Man sieht das Kleid ja gar nicht.«

Mit seinen beängstigend scharfen Ohren hatte Karl die Frage nebenan gehört. »Weil die Oscarverleihung im März stattfindet! Die Stars werden froh sein, wenn sie auf dem roten Teppich etwas drüberziehen können.«

»Danke, Monsieur!«, rief die Brünette zurück und sah Martine erstaunt an. »Wie konnte er das hören?«

»Ich höre alles«, meldete sich Karl noch einmal. »Ich kann sogar hören, was du denkst, *ma chérie*. Seid ihr fertig?«

»Raus mit dir.« Martine gab dem Model einen freundschaftlichen Schubs.

Die Brünette betrat das Defileezimmer, lief die gesamte Länge des Raums ab, machte eine Wendung und lief in einer Schlangenlinie auf Karl zu. Begleitet wurde sie vom zustimmenden Aah! und Ooh! der Entourage. Man klatschte und warf sich begeisterte Blicke zu.

»Nicht, nicht, Schluss damit«, bremste Karl die anderen. »Das bringt Unglück.« Er zog dem Model den Mantel aus. Die schwarze Seide umschmiegte ihre Figur, dazu ein schwarzer Samtgürtel. Der Brustbesatz war aus schwarzer Spitze.

»Wir müssen die Spitze flauschiger machen«, sagte Karl zu Martine.

»Es sieht doch raffiniert aus.«

»Liv Ullmann hat einen kleineren Busen. Da braucht sie mehr … Wolken vor der Brust.«

»Mehr Wolken«, notierte Martine. »Ob sie den Oscar gewinnt?«

»Nicht in hundert Jahren.« Nachdenklich ging Karl um das Mannequin herum. »Die Academy vergibt den Hauptrollen-Oscar nicht an eine Feministin.«

»Wer wird es dann?«, fragte das Model.

»Liza Minnelli. Sie ist Hollywoods Darling.«

»Und wer wird es bei den Männern?«

»Was für eine Frage.« Ein verständnisloser Blick. »Marlon Brando natürlich. Seine Leistung in *Godfather* wird noch in hundert Jahren gefeiert werden.«

Martine zeigte auf das Brautkleid, das auf einer Schneiderpuppe hing. »Ich möchte noch etwas fragen.«

Da Karl Fragen grundsätzlich nicht schätzte, nahm er seine typische Abwehrposition ein.

Martine ging in die Hocke und gab dem Tüllrock einen Schwung. »Mache ich den Reifrock so, dass er steif ist, oder sollen sich die Krinolinen übereinander bewegen? Noch können wir das entscheiden.«

»Natürlich muss sich der Rock bewegen. Sonst kann das doch kein Mensch anziehen.« Karl schien erleichtert, dass die Frage so leicht zu beantworten war. »Danke!«, rief er in die Runde. »Für das Oscar-Kleid möchte ich mich persönlich bei dir bedanken, Martine.« Gefolgt von der Entourage, rauschte er hinaus.

Kaum waren die Schneiderinnen unter sich, begannen sie zu applaudieren.

»Persönlich bei dir bedanken!«, rief Adrienne. »Das ist das größte Lob, das ich je aus seinem Mund gehört habe.«

KAPITEL 7

PARIS, FRÜHLING 1974

»Die neue Kollektion, der Fotoband und jetzt auch noch Ihr eigenes Label *Lagerfeld Impressions* …« Die Interviewerin des Schweizer Fernsehens bedeutete dem blonden Tontechniker, die Angel tiefer über Lagerfeld zu senken. »Monsieur Lagerfeld, wann machen Sie das alles?«

Wohlwollend musterte Karl den treuherzigen Schweizer Burschen, der geradewegs von einer Sennhütte in die Medienwelt herabgestiegen zu sein schien. Die Frage der Reporterin tat Karl dagegen mit seiner Standardantwort ab.

»Es gibt ferne Himmelskörper, deren Materie so unglaublich dicht ist, dass ein Kubikzentimeter davon bei uns zwanzig Zentner wiegen würde. So ist es auch um die Zeit schöpferischer Menschen bestellt. Sie ist von anderer Struktur, anderer Dichtigkeit als die locker gewebte, leicht verrinnende Zeit der Mehrheit.«

Er hatte das irgendwo gelesen, aber keine Ahnung mehr, wen er gerade zitierte. Hinter der Sonnenbrille musterte er die Frau in ihren albernen Reitstiefeln. Wahrscheinlich preschte sie am Wochenende auf ihrem Pferd durch das Berner Oberland, liebte den Stallgeruch und kratzte ihrem Wallach zärtlich den Kot aus den Hufen.

»Wird Ihnen das nicht zu schwer?«, fragte Karl den jungen Mann vom Ton, der die Angel sinken ließ.

Mein Gott, der Junge wurde ja rot! Das war das Entzückendste, was Karl seit Langem gesehen hatte.

Er beantwortete diese und die nächste Frage der Reporterin geduldig. Als sie jedoch nicht lockerließ, auf Lagerfelds enormem Arbeitspensum herumzureiten, hätte er ihr am liebsten einen Vortrag über Langeweile gehalten. Denn was die Frau nicht ahnte: Karl kannte sich in Sachen Langeweile aus.

PARIS, FRÜHLING 1954

Anfangs hatte sein Vertrag im Modehaus *Patou* den jungen Karl Lagerfeld glücklich gemacht. Er verdankte ihn einem Wettbewerb, zu dem er eher durch Zufall angetreten war.

Eines trüben Apriltages war Karl missgelaunt über die Champs-Élysées getrottet. Was seine Stimmung verdüsterte, war die Unwägbarkeit seines Lebens, die Unsicherheit, was aus ihm werden sollte. Er wünschte sich eine würdige Aufgabe, doch welches seiner Talente sollte er dafür nutzen? Karl empfand seine Mehrfachbegabung als Bürde. Er war Zeichner, Fotograf, er war der Junge, der die Puppen seiner Schwester verkleidete – aber was konnte er denn *richtig*? An diesem Nachmittag fand er sich gänzlich nutzlos.

In Grübeleien versunken, betrat er die *Galeries Lafayette*. Ziellos flanierte er durch die Reihen der berühmten Modelabels. An einem unscheinbaren Stand entdeckte er die Broschüre eines Preisausschreibens. Karl verspürte wenig Lust, sich daran zu beteiligen, aber er hatte gerade nichts zu tun und sah sich den Ausschreibungsbogen genauer an. Das Internationale Wollsekretariat vergab wie jedes Jahr den International Woolmark Prize. Konnte man sich etwas Langweiligeres vorstellen? Trotzdem nahm Karl die Herausforderung an. Am liebsten hätte er ein Abendkleid entworfen, doch in dieser Kategorie war der Abgabetermin bereits verstrichen. Es sollte ein Wollmantel gekürt werden. Karl verschwand in sein Appartement in Clichy und zeichnete Entwürfe für zwölf Mäntel. Nachdem er die meisten aussortiert hatte, blieben zwei übrig. Er konnte sich für keinen entscheiden und reichte beide Modelle ein, eines unter seinem eigenen Namen, eines unter dem Pseudonym Roland Karl.

Beide Mäntel gewannen den ersten und zweiten Preis. Da er nicht zweifach zur Preisverleihung erscheinen konnte, ließ Karl die Katze aus dem Sack, erntete Tadel für seine Chuzpe und gab den zweiten Preis zurück. Pierre Balmain, Juror des Wettbewerbs, nahm ihn als Assistent unter Vertrag und animierte Karl, eine Schneiderlehre zu machen. Er tat es mit Eifer. Karls Siegermantel ging bei Balmain in Serienproduktion.

Obwohl er dankbar war für den Weg, den Balmain ihm eröffnete, wechselte Karl 1958 zu Jean Patou, dem trendgebenden Modehaus der Zeit, und stieg zum künstlerischen Direktor auf. Die würdige Aufgabe, nach der er sich gesehnt hatte, lag vor ihm. So glaubte er zumindest …

Doch in dem neuen Job lernte er die welke Blume der Langeweile kennen, gepaart mit Demütigung und Stupidität. In den späten Fünfzigerjahren wurden Couturiers nicht hofiert, sie waren keine Könige der Modewelt. Obwohl Jean Patou, Namensgeber der Firma, zum Who-is-who von Paris zählte, galt das nicht für den Anfänger Lagerfeld. Er musste vielmehr erfahren, dass der Kunde König war oder sich zumindest so aufführte. Und Karl Otto, einst Kronprinz von Bissenmoor, von seiner Mutter zur Einmaligkeit erzogen, lag vor den Kundinnen auf den Knien, nicht im übertragenen Sinn, sondern de facto. Wenn Millionäre nach Paris kamen, um ihre Gattinnen neu einzukleiden, kauften sie nicht von der Stange. Die Modekreationen wurden den Madames, den gnädigen Frauen, den Señoras, den Von-und-Zus, individuell angepasst, vom Modeschöpfer persönlich. Karl musste die traurige Kunst erlernen, mit Kundinnen, die halb nackt vor ihm standen, zu plaudern. Während er mit Kreide markierte, Stecknadeln setzte und den Saum festlegte, war er seinerseits gezwungen, sich das oberflächliche Geschwätz des Geldadels anzuhören.

»Ist alles zur Zufriedenheit?« Wieder einmal trat Karl ins Probierzimmer, das von zahlreichen Spiegeln geziert wurde und zugleich die Heimeligkeit eines Salons vortäuschte. Hier erschien die Dame von Welt zur Anprobe, während der Gatte auf einer Chaiselongue dem Ritual beiwohnte. Im aktuellen Fall handelte es sich um einen Dosenwursthersteller aus Verona. Der Fabrikant verteilte seine Leibesfülle auf dem Sofa, während die Mutter seiner Kinder in ein flaschengrünes Kostüm schlüpfte. Die Frau hatte ein hochmütiges Gesicht mit gepressten

Lippen. Gut Kirschen essen war mit ihr bestimmt nicht. »Wer sind Sie?«, fragte die Donna mit bleichen Lippen, deren obere ein Damenbart verdunkelte.

»Ich melde mich zur Stelle, um Ihnen auf jede gewünschte Weise behilflich zu sein, Madame.«

»Treten Sie zurück.« Sie war im Begriff, Teile ihrer beachtlichen Oberweite zu entblößen.

Karl wandte sich um und betrachtete das Geschehen im Spiegel.

»Wie heißen Sie?«, fragte sie.

»*Le chef couturier* Lagerfeld, zu Ihren Diensten, Madame.«

»Treten Sie näher.«

»Lagerfeld heißen Sie?«, meldete sich der Dosenwurstfabrikant. »Deutscher?«

»Sozusagen.«

»Und Ihr Rufname?«, wollte die Gattin wissen.

»Karl Otto.«

»Karrll Ottoooo – diese harten Töne! Otto gefällt mir nicht. Das hat so etwas Anspruchsvolles.«

»Wie würden Madame mich denn gern nennen?«, fragte Karl, an der Grenze seiner Belastbarkeit.

»Ich nenne Sie Pierre.«

»Wie Sie wünschen, Madame.«

»Sagen Sie mir, Pierre, was soll ich mit diesem grünen Lappen anfangen?«

»Es ist ein Kostüm für alle erdenklichen Gelegenheiten.« Er zog die Schultern glatt.

»Aber die Farbe! Ich sehe darin aus wie eine Leuchtrakete.«

»Ohne Übertreibung darf ich sagen, dass Madames natürlicher Teint von dieser Farbe gewinnend hervorgehoben wird.«

Sie musterte ihn mit geschürzten Lippen. »Sie sind ein frecher, dabei hübscher Bursche, Pierre.«

»Ich bemühe mich.«

Vom Sofa aus sagte der Gatte: »Ihre Bemühungen bewähren sich wohl vorwiegend bei hübschen jungen Frauen.«

»Auf dem Gebiet hübscher Frauen stehe ich hinter Ihnen zurück, Monsieur. Ich darf Sie zu Ihrer Gemahlin beglückwünschen.«

Die Donna ließ sich zu einem Lächeln herab. »Wir wollen den Versuch wagen, Pierre, aus diesem kakadugrünen Albtraum etwas Vernünftiges zu machen.«

Karl ging vor der Fabrikantengattin auf die Knie und beschäftigte sich mit ihrem Saum.

Um nicht jede Selbstachtung zu verlieren, musste er die Demütigung solcher Tage irgendwie abschütteln. Sein frustrierter, unerfüllter Gemütszustand zwang ihn, jeden

Abend auszugehen. Es war die einzige Möglichkeit, die überschüssigen Kräfte abzuarbeiten und die permanente Demütigung des Subalternen aus den Gliedern zu schütteln.

Karls Vater akzeptierte, dass sein Sohn eine künstlerische Laufbahn nicht im Nachkriegsdeutschland starten wollte. Und da Otto die Magie eines selbstbewussten Auftretens kannte, schenkte er seinem Jungen einen Bentley. Selbst in vielen Jahren hätte Karl einen solchen Wagen von seinem Gehalt nicht abzahlen können. Dieses Auto wirkte wie eine Leuchtreklame und warf ihr Licht auf den siebenundzwanzigjährigen Besitzer, der sich für zweiundzwanzig ausgab. Fahrkabine und Kühlerhaube waren hellgrau, der Rest dunkelblau. Otto Lagerfeld hatte sich für dieses Geschenk entschieden, weil die Eleganz eines Bentley, der schnittiger und schneller war als der Rolls Royce, zu der Eleganz passte, die sein Sohn ausstrahlte. Nie sah man den Jungen in der lässigen Mode, die sich in den Sechzigern breitmachte. Karl ohne maßgeschneiderten Dreiteiler und Krawatte mit Windsorknoten war unvorstellbar. Obwohl Otto nicht wusste, wohin der Weg seines Sohnes führen sollte, begleitete er ihn mit Wohlgefallen.

Im Achtzylinder mit beeindruckendem Motorklang hielt Karl allnächtlich vor den Nightclubs und ließ sich und sein Statussymbol bestaunen. Beim Eintreten traf er häufig auf diejenigen, mit denen er ein paar Stunden zuvor noch im Fitnessclub geschwitzt hatte. Frühere Männergenerationen hatten sich im türkischen Bad körperlich ertüchtigt, beim Tennisspielen oder beim Reitsport. Diese Sportarten nahmen jedoch Zeit in Anspruch, und nur wenige konnten sie sich leisten. Dagegen war ein Fitnessclub eine unkomplizierte Sache. Man kam, zog sich um und stählte seine Muskeln auf zielgerichtete Weise. Junge Männer der jungen Sechzigerjahre wollte gut und fit aussehen, insbesondere jene Männer, denen Karls bevorzugte Sympathie galt, den Gigolos von Paris.

Er tanzte mit ihnen, tändelte mit ihnen und wurde manchmal sogar für einen der ihren gehalten. Karl war schön, und obwohl er nicht mehr zweiundzwanzig war, sah er auch mit siebenundzwanzig blutjung aus. Manche der nachtschwärmenden Pariser konnten sich Karls protziges Auto nur so erklären, dass er als gefragter Gigolo hohe Einnahmen von zahlungskräftigen Damen bezog.

Einige aus dieser Clique bedienten ihre reichen Kundinnen, obwohl sie schwul waren. Wohlhabende Gattinnen, Witwen mit hohen Pensionen, Touristinnen, die sich in Paris langweilten, nahmen sich einen Gigolo, der sie ins Restaurant oder in die Oper begleitete, ihren Hund ausführte und beim Friseur geduldig auf sie wartete. Den reifen Damen machte es nichts aus, wenn die Gigolos daneben einen jungen Liebhaber hatten. Ganz anders die schwulen Kunden der Gigolos: Sie fürchteten, dass ihre Begleiter während der Liebe an ihren Freund dachten, und waren eifersüchtiger als die toleranten Damen.

Karl formte seinen Körper nicht nur, um zu gefallen, er tat es, weil sein Maßschneider Lorenzo Cifonelli Anzüge für ihn entwarf, die man nur mit sportlicher Figur tragen konnte. Als Karl eines Tages bei Cifonelli zur Anprobe erschien, bat ihn der Meister, später wiederzukommen, er fühle sich erschöpft. Als Karl nachmittags zurückkam, war sein Lieblingsschneider gestorben.

Beim Gewichtheben im Club dachte Karl auch an seine Wirkung am Strand. Denn jedes Jahr kam der Tag, an dem er das buckelnde Schneiderdasein abwarf, den Bentley volltankte und mit leichtem Gepäck an die Côte d'Azur aufbrach. Dort wartete das Leben eines flanierenden Adonis auf ihn, eines Apolls unter vielen apollinischen Schönheiten. Die gedemütigte Langeweile seines Patou-Lebens gab es an den südlichen Stränden nicht. Dort wurde Karl inspiriert von Schönheit und Lust.

Das berufliche Einerlei ödete ihn mit jedem Jahr mehr an. Er entwarf eine Haute-Couture-Kollektion im Sommer, eine im Winter, und im Übrigen tat er wenig. Während seiner restlichen Arbeitszeit kroch er mit Stecknadeln im Mund vor übergewichtigen Frauen herum.

Nach fünf Jahren verließ Karl Lagerfeld das Modehaus Patou und wechselte zu Chloé.

KAPITEL 8

PARIS, SEPTEMBER 1975

»Er hat bei mir Gitarre gespielt, das ist alles!« Selten wurde Karl laut. Lautstärke war ein Ausdruck von Schwäche oder Stress. Karl kannte als Modeschöpfer keinen Stress, sondern allenfalls Strass. Stress löste einzig und allein der vermaledeite Junge bei ihm aus.

»*Gitarre gespielt* nennt man das jetzt? Wieso hat Mick ausgerechnet um ein Uhr morgens bei dir Gitarre gespielt?«

Der Salon unter der goldenen Kassettendecke diente Jacques als Bühne für seine Empfindlichkeit. Er stolzierte auf und ab und schleuderte Karl Vorwürfe entgegen. Sobald er den Mund spitzte wie gerade eben, verlor er allen Liebreiz, fand Karl. Wie er lief, mit den Armen fuchtelte, wie er sich wegen nichts aufregte!

»Er hat mich in der Firma besucht«, erklärte Karl.

»Um ein Uhr nachts taucht Mick Jagger bei Chloé auf und bringt dir ein Ständchen? Ist er unter deinem Fenster erschienen und hat zu dir hochgeschmachtet?«

Für Eifersuchtsanfälle war Karl seine Zeit zu schade. Zugleich dachte er strategisch: Wenn er Jacques jetzt vor die Tür setzte, würde er ihn spätestens morgen vermissen. Monsieur de Bascher hatte dann jedoch die Angewohnheit zu schmollen, er grollte und spielte tagelang *hard to get*. Dann musste Karl den Verständnisvollen, Reuevollen spielen, um die Gunst des Jungen wiederzugewinnen. Das konnte Wochen in Anspruch nehmen. Der Aufwand war Karl zu groß. Lieber stand er die heutige Attacke durch, an deren Ende erfahrungsgemäß eine Versöhnung stehen würde.

»Beruhige dich bitte«, entgegnete Karl, wohl wissend, dass Jacques sich gar nicht beruhigen wollte. Er genoss seine erregte Präsenz und würde die Eifersuchtstirade nicht so bald aufgeben. Karl legte sich auf die Ottomane und bedeckte seine Augen mit einem feuchten Tuch.

»Was wollte er bei dir?«, rief Jacques durch den hallenartigen Raum.

»Mick ist ein menschliches Atomkraftwerk. Am Ende eines Tages hat er seine Kräfte noch lange nicht verschossen. Also sucht er Leute, die ähnlich sind, mich zum Beispiel, und verbringt Zeit mit ihnen.«

»Aha! Ich verstehe: Mick Jagger wollte seine Kräfte bei dir verschießen!«

»Wenn du vulgär wirst, schicke ich dich ohne Abendessen zu Bett.« Karl drehte das feuchte Tuch um, die andere Seite war kühler. »Ich habe noch spät gearbeitet, als das Haustelefon klingelte. Der Pförtner teilte mir mit, Mick Jagger sei draußen. Ich sagte, er soll ihn raufschicken. Mick und ich haben etwas getrunken. Er sagte, er sei noch nicht müde. Er hatte seine Gitarre dabei. Ich sagte: Spiel mir doch etwas vor. Das hat er getan. Ich sagte: Das ist hübsch. Das war alles.«

»Und irgendwann hat Mick seine Gitarre beiseitegelegt und sich zu dir gesetzt«, hakte Jacques nach.

»Mick ist hetero.«

»Mach dich nicht lächerlich. Mick macht Sachen, hört man, die selbst mich rot werden lassen. Wenn er zugedröhnt ist, kann er Männlein und Weiblein nicht mehr unterscheiden.«

»Er war nicht zugedröhnt. Er wollte nur einfach noch nicht schlafen gehen.«

Stille trat ein. Karl hoffte, dass Jacques sein Pulver verschossen hatte und der Abend gemütlich werden konnte.

»Hast du mal gesehen, wie er mittlerweile aussieht?«, begann Jacques bedauerlicherweise von Neuem.

»Mick? Wie das Ebenbild eines lüsternen Engels.«

»Unsinn. Man merkt ihm seinen Lebenswandel an. Er

und die Rolling Stones haben ziemlich abgebaut. Das ist der Preis des Erfolgs: Er macht alt.«

»Dann dürfte dir die ewige Jugend ja sicher sein.« Karl sprach den Satz aus im Bewusstsein, dass er unter seinem Niveau war. Aber der Junge hatte Strafe verdient, und es war so verdammt leicht, ihn zu verletzen.

»Ich will gar nicht erfolgreich sein!«, schrie Jacques. »Jedenfalls nicht wie du oder Mick. Ich bin gerne ich!«

»Eine bedeutende Einsicht.«

»Du Arschloch!« Jacques kam auf ihn zugestürzt.

Karl konnte gerade noch das Tuch von den Augen reißen. »Nimm dich zusammen!«

»Du blödes, arrogantes Arschloch!« Jacques schlug ihn.

Karl suchte die Kostbarkeiten in seiner Umgebung zu schützen. Kippte der Rotwein, war der Bildband über Cézanne in Gefahr, auch die Originalpartitur eines Divertimentos von Haydn, ganz abgesehen vom hellen Seidenbezug der Ottomane. Er bekam Jacques' Arme zu fassen. Karls Zeit beim Bodybuilding lag Jahre zurück, aber er war immer noch fit.

»Stopp!«, sagte er. Sonst nichts.

Jacques' Glieder wurden in Karls Armen weich. »Warum musst du mir immer wehtun?«

»Warum bildest du dir ein, dass ich dir wehtun will?« Er nahm den Jungen in die Arme. »Ich habe Mick für das

Cover seines neuen Albums fotografiert. Wir sind befreundet. Er ist verheiratet, mit einer wunderschönen, superheißen Frau. Und um dir den letzten Zweifel zu nehmen: Während Mick Gitarre spielte, habe ich die Damen aus der Schneiderei zu mir hochgebeten.«

Jacques beugte sich zurück. »Jetzt hast du dich verraten. Um ein Uhr früh willst du dein Personal hochgebeten haben?«

»Tja, wir müssen schon wieder Nachtschichten einlegen. Martine hat ihr Team nach oben gebracht. Ich habe ein Fläschchen Chablis aufgemacht, und wir hörten Mick Jagger beim Gitarrespielen zu. Diese Frauen in den weißen Mänteln, mit dem Nadelkissen auf dem Handgelenk, mit zerzausten Haaren und müden Augen waren plötzlich alle wieder jung und wunderschön. Wie schwärmerische Mädchen haben sie dem Boss der Rolling Stones gelauscht. Für sie war es der Höhepunkt ihres Tages.«

Karl zog Jacques an sich. Das Gewitter war vorüber, doch es hatte Kraft gekostet, das ärgerte ihn. Die wahre Liebe hatte sorglos und leicht zu sein, das war sein Grundsatz. Eifersucht passte nicht zur absoluten Liebe. Eifersucht war grauenhaft.

PARIS, EINE WOCHE SPÄTER

Noch zwei Tage bis zur Präsentation.

Karl hielt das Weißweinglas gegen das Licht, ein Glas, so zierlich, dass nur ein Fingerhut Alkohol darin Platz fand. Der Wein war genießbar, die Stimmung gelassen.

Karl Lagerfeld hatte verstanden, dass er seine Mitarbeiterinnen nicht mit der Peitsche zwingen durfte, die Arbeit zu stemmen. Seine nicht enden wollenden Sonderwünsche trieben sie ohnehin schon wenn nicht in den Wahnsinn, so doch in den Widerstand. Die Damen sprachen kaum noch mit ihm. Sobald er in die Werkstatt kam, sahen sie ihm nicht in die Augen.

Wenn er sie die zwei Stockwerke nach oben rief, wo er seine gottverdammten Visionen ausbrütete, ließ Martine ihren Ärger nicht an Karl aus, sondern an den jungen Frauen, die seine Modelle trugen. Die Mannequins wussten oft nicht, wie ihnen geschah: Gewünschte Änderungen wurden ruppig an ihnen abgesteckt, Martine trieb sie zur Eile, zu einer Bewegung oder zur Bewegungslosigkeit.

So durfte es nicht weitergehen! Diese Frauen hatten lange nicht mehr geschlafen. Eine Palastrevolution stand bevor.

»Meine Damen, haben Sie schon zu Mittag gegessen?« Heiter wie eine Frühlingsbrise betrat Karl die Werkstatt.

»Zu Mittag … gegessen? Ein schöner Traum«, murrte die sonst so sanfte Adrienne. »Als könnten wir uns eine Mittagspause leisten.«

»Das dachte ich mir, Mesdames.« Karl hielt die Tür hinter sich offen. »Darf ich Sie zum Essen einladen?«

Sonst, wenn Karl Lagerfeld lächelte, wirkte es souverän, sarkastisch, oft herablassend; nur herzlich lächelte er so gut wie nie. Wenn er die Lippen auseinanderzog und seine etwas problematischen Zähne zeigte, wirkte es schnell wie das Fletschen eines Tigers. Diesmal war sein Lächeln eine Bitte. Es brachte zum Ausdruck, dass er wusste, was hier unten geleistet wurde, und dass er es zu selten würdigte.

»Sollten wir die blaue Serie nicht bis vierzehn Uhr zu Ihnen raufbringen?«, fragte Martine erstaunt.

»Das habe ich nur so gesagt. Vierzehn Uhr, fünfzehn Uhr, *what's the difference*?« Leutselig trat er zwischen sie und legte – war das zu glauben? – Martine die Hand auf die Schulter. »Im Gaspard gibt es heute Gratin dauphinois.«

»Im Gaspard gibt es jeden Tag Gratin dauphinois«, bemerkte Adrienne.

»Wirklich? Ich bin mit der Speisekarte dort nicht so vertraut.«

»Weil Sie sich jeden Tag das Essen aus dem Ritz bringen lassen«, stichelte Martine.

Als wollte er eine Schar Hühner zur Tür treiben, breitete Karl die Arme aus. »Also, gehen wir jetzt essen, oder was?«

Die Schneiderinnen hängten die Modelle auf die Puppen, verstauten ihr Werkzeug, prüften, ob das Bügeleisen ausgesteckt war, und verließen mit Karl das Atelier.

Als Lagerfeld samt Belegschaft das Bistro auf der anderen Straßenseite betrat, erregte das Aufsehen. Karl drehte sich einmal im Kreis. Sein Ausdruck sagte: »Also bitte, ich bin da, wo bleibt das Essen?«

Die Geschäftsführerin ließ es sich nicht nehmen, den berühmten Mann zu begrüßen. »Sie haben uns noch nie die Ehre gegeben, Monsieur …«

»Und bin auch heute in Eile«, unterbrach er sie. »Die Damen wollen eine Kleinigkeit essen.«

Martine beugte sich zu Adrienne. »Jetzt ist es auf einmal nur noch eine Kleinigkeit.«

»Du weißt, wie knauserig er ist«, gab die Marokkanerin zurück.

Karl sah zu, wie mehrere Tische zusammengeschoben wurden. »Was wollen wir trinken?« Seine Mitarbeiterinnen nahmen an, er werde Wasser bestellen, doch er fragte: »Wie sieht es mit Ihrem Weißwein aus?«

Die Wirtin empfahl den offenen Hauswein; Karl bevorzugte eine Flasche Sauvignon Blanc.

Da saßen sie nun, genossen mitten am Tag ein Glas Wein, warteten auf ihr Gratin dauphinois, und Lagerfeld saß mitten unter ihnen. Er beugte sich zur Jüngsten der Belegschaft, einer Stickerin, die ohne ihr Zutun auf dem Platz neben ihm gelandet war. Den anderen war es nicht geheuer gewesen, so dicht bei Karl zu sitzen. »Ich stelle fest, dass Sie nicht unsere Hausmarke benutzen, sondern den Duft der Konkurrenz«, sagte er.

»Wie meinen Sie das?«, entgegnete die junge Frau.

»Sie tragen das Parfum, das Mademoiselle Chanel nicht nur in Frankreich, sondern weltweit berühmt gemacht hat.«

Jetzt verstand die Stickerin. »Ja, ich benutze *No 5*, aber nur ein Tröpfchen. Es ist ziemlich teuer.«

Karl wandte sich an die Runde, die Gespräche verstummten. »Wisst ihr, dass dieses Parfum, das Coco Chanel bereits 1921 erfand, heute noch weltweit ungefähr alle dreißig Sekunden über die Ladentische geht?«

Die Damen zeigten sich überrascht.

»Coco hatte die Idee in einer Zeit, die ihre Biografen als *die russischen Jahre* bezeichnen.« Er nippte am Sauvignon Blanc. »Sie war mit diesem Großfürsten liiert, Dimitri, dem Enkel von Zar Alexander II. und Lieblingsvetter von Zar Nikolaus II. Er hatte Russland während der Revolution verlassen und wäre auf der Flucht durch Persien fast massakriert worden. Jedenfalls war er arm wie eine Kirchenmaus und hat bei Coco schmarotzt. Aber darf man deshalb schon von ihren russischen Jahren sprechen? Die Gattin des erschossenen Zaren wiederum hat, bevor sie selbst durch die Revolution füsiliert wurde, einen Parfümeur namens Ernest Beaux beschäftigt.« Karl blickte sich um. »Langweile ich euch?«

»Wie könnten Sie, Monsieur?«, antwortete die Stickerin.

»Erzählen Sie schon«, knurrte Martine, selbst erstaunt, wie schnell sie bereit war, diesen unerträglichen Menschen wieder ins Herz zu schließen.

»Coco Chanel war nicht die Erste, die kapiert hatte, dass Mode und Parfums zusammengehören. Bis zu dem magischen Moment, als *No 5* die Nasen der Welt erreichte, musste sich die Frauenwelt mit langweiligen Blumendüften begnügen. Die Damen stanken nach Heliotrop, Gardenia oder Jasmin.«

»Wieso stanken sie?«

»Weil sich die Parfums dieser Epoche rasch verflüchtigten. Zu Beginn eines Abends haben die Damen förmlich in Parfum gebadet, damit vom Duft auch nach Stunden noch etwas übrig sein würde. Chanel entwickelte als Erste ein Parfum, das nicht nur natürliche, sondern auch synthetische Aromen verwendet.« Er tupfte sich den Mund mit der Serviette ab. »Dafür hatte sie ihren eigenen Alchimisten, und das war ebenjener Ernest Beaux.« Er nickte seinen Worten hinterher. »Mademoiselle Chanel war eine Meisterin der Vermarktung. Sie setzte das Gerücht in die Welt, Monsieur Beaux sei zwar der Alchimist, sie aber die Zauberin, die *Chanel No 5* aus ihrem weiblichen Urinstinkt geboren habe. Coco gab an, achtzig verschiedene Zutaten für die Rezeptur verwendet zu haben. In Wirklichkeit sind es nur dreißig.«

Er schnupperte ein zweites Mal am Hals der Stickerin. »Die Kopfnote besitzt diesen metallisch rauchigen Duft. Dazu kommt eine hesperidisch zitrusartige Facette, vorwiegend Bergamotte und Petitgrain. Die Herznote besteht aus Jasmin und Maiglöckchen. *No 5* duftet wie ein frischer Garten, dessen Duft man nicht genau identifizieren kann. Es ist ein Zaubergarten, so wie Coco es wollte.«

Er schenkte Weißwein nach. »Bedauerlicherweise ist diese große Frau vor ein paar Jahren gestorben. Ich habe sie nur einmal erlebt. Privat soll sie ein ziemlicher Drache gewesen sein. Aber behauptet man das nicht von allen Menschen, die Größe ausstrahlen?«

Karl nahm das Gekicher, weil der große Lagerfeld sich mit einer Bitch verglich, gelassen zur Kenntnis.

»Mesdames, Mesdemoiselles, erheben wir unser Glas auf die Urmutter der Haute Couture. Widmen wir Coco Chanel eine Schweigeminute.«

Die Schwingtür ging auf, die Wirtin brachte das Gratin dauphinois.

»Aaahh«, rief Karl. »Das sieht ja köstlich aus.«

KAPITEL 9

PARIS, WINTER 1989

Die Dunkelheit hatte ihre Kraft verloren. Der magische Moment, die ganze Welt auszuschließen, indem man kein Licht machte, half Karl nicht länger. An jenem Morgen, als er erkannte, dass seine monatelange Trauer eine Attitüde zu werden drohte, zog er zum ersten Mal die Schlafzimmervorhänge auf.

Im dunkelblauen Pyjama stand Karl da, mit dunkelblauem Kimono, auf nackten Füßen. Er wollte die Balkontür öffnen, sie klemmte. Er hatte den Mechanismus seit Wochen nicht bedient. Karl legte sein volles Gewicht hinein. Ruckartig ging die Tür auf, er wurde nach hinten katapultiert, landete hart auf dem Boden, stand aber wieder auf und betrat barfuß die Terrasse. Paris im Schnee wäre schön gewesen, doch der Morgennebel hatte sich in eine Eisschicht auf dem Boden verwandelt. Karl schlitterte, strauchelte und stützte sich auf das Geländer, um nicht noch einmal zu fallen. Er blieb so lange im Freien, bis er seine Zehen nicht mehr spürte.

Dieser Tagesbeginn hatte gutgetan. Mit dem heutigen Tag wollte Karl seiner Trauer ein neues Gesicht geben. Niemand sonst war im Haus, er brauchte sich nicht anzuziehen. Karl blieb im Kimono und wählte dazu die flauschigen Pantoffeln, die ihm Jacques vor Jahren zu Weihnachten geschenkt hatte. Sie waren rot und grün kariert und hatten kleine Bommel an den Seiten. An jenem Heiligabend hatte Karl Freude gemimt, obwohl geschmacklose Geschenke geschmacklos blieben, selbst wenn sie als Weihnachtsscherz gemeint waren.

Er begann durch das Haus zu stiefeln. Selten aß Karl etwas vor zwölf Uhr Mittag, sein Magen wollte vormittags in Ruhe gelassen werden. Heute aber verspürte er einen ungewohnten Hunger. Er wusste nicht, wie man die Kaffeemaschine in Gang setzte, traute sich aber zu, selbst Wasser zu kochen. Heißes Wasser war ohnehin das gesündeste Getränk von allen. Karl setzte sich an den überdimensionierten Küchentisch. Obwohl hier nie gekocht wurde, war die Küche bis ins kleinste Detail ausgestattet worden, gewissermaßen als Dekoration. Karl wusste nicht einmal, in welcher Schublade sich das Besteck befand. Normalerweise ließ er sich alles bringen.

Das Ritz schickte Kellner mit Warmhalte-Etageren und allem erforderlichen Geschirr.

Planlos öffnete Karl die Schränke. Die meisten waren leer, er fand nur eine einsame Konservenbüchse. Wer hatte ausgerechnet zarte Heringsfilets in Tomatensoße dort hineingestellt? Karl traf seine Frühstücksentscheidung: Was passte besser zu heißem Wasser als zarte Heringsfilets?

Mit dem Dosenöffner stellte er sich so ungeschickt an, wie das nur möglich war. Tomatensoße auf dem Boden, an der Wand, auf der Anrichte wäre noch nicht so schlimm gewesen, aber Tomatensoße auf dem Kimono? Bevor er sich des Malheurs annahm, aß Karl den Fisch mit einem Löffel aus der Dose. Sein Hunger war übermächtig. Er kratzte die Büchse bis zum letzten Rest aus, lief nach oben und behandelte die Seide mit Wasser und Seife. Hinterher konnte er den durchnässten Kimono nicht mehr anziehen. Er besaß sechzehn Kimonos; in einem birnenfarbenen Modell kehrte er ins Erdgeschoss zurück.

Die Vorstellung, nun die Tomatensoße wegputzen zu müssen, ließ ihn einen Umweg zum Konzertflügel machen. Karl war sich der Gefahr bewusst, die dort lauerte; trotzdem warf er einen Blick auf die Noten. Mit dem rechten Zeigefinger spielte er die Anfangsmelodie von *Pour toi*, dem Lied, das Jacques und ihn verband. Es war ihr Lied gewesen. Es zerriss ihm das Herz.

Karls Schmerz meldete sich zu Wort: »Na, wie fühlt sich das an?«

»Es fühlt sich an, als ob ich sterbe«, antwortete Karl, lehnte sich an die Wand und schloss die Augen.

»Krümm dich«, sagte der Schmerz.

Karl krümmte sich, den Blick auf den Parkettboden gesenkt.

Der Schmerz summte die Melodie des kleinen Liedes: *»Je suis allé au marché aux fleurs, et j'ai acheté des fleurs«*, sang er.

»Hör auf!« Karl fühlte sich grauenhaft. Er fiel vornüber und knallte auf das Parkett. Er hörte einen Laut, der als Schrei aus ihm emporstieg. Karl schrie, Karl schnappte nach Luft, er würgte.

»Lass es raus!«, schlug der Schmerz vor.

»Auf keinen Fall. Der Boden ist extrem empfindlich.«

»Lass es raus!«

Karl übergab sich in breitem Schwall auf den Boden. Er beobachtete die Farben, die aus seinem Mund schossen, weiß und rot, die zarten Heringsfilets. Es schüttelte ihn ein zweites und drittes Mal.

»Mehr ist nicht zu holen.« Er rollte sich zur Seite und spürte im Rücken die Pedale des Konzertflügels.

»Du hättest einen Blick auf das Ablaufdatum der Konservenbüchse werfen sollen«, sagte der Schmerz.

In diesem Moment sah Karl den Toten vor sich, den

schönen, herablassenden, toten Jüngling, das Engelsgesicht, das am Ende nicht wiederzuerkennen gewesen war. Karl zwang sich aufzustehen. Er hatte an einem Vormittag zwei Kimonos beschmutzt, seine Küche besudelt und den empfindlichen Parkettboden.

»Es war ein Fehler, heute schon die Vorhänge zu öffnen«, sagte er zum Schmerz. »Es war auch ein Fehler, *Pour toi* auf dem Klavier zu spielen. Auf jeden Fall hätte ich den zarten Hering nicht essen sollen.«

Als er sich umsah, war der Schmerz verschwunden.

Nachdem Karl geduscht hatte, zelebrierte er das Ritual, seinen Pferdeschwanz in Form zu bringen. Manchmal wurde er gefragt, ob er es denn nicht mal ohne Zopf versuchen wolle. Doch Karl bevorzugte diese bequeme Frisur, bei der er nur einmal im Monat die Spitzen schneiden musste. Er verwendete Trockenshampoo. Morgens sprühte er es ins Haar, abends wurde es ausgebürstet und die Kopfhaut vor dem Schlafengehen mit Haarwasser gepflegt. Tagsüber war Karl weiß, nachts hatte er graues Haar.

Mit nacktem Oberkörper stellte er sich im Bad vor das geöffnete Gartenfenster, hielt sich die venezianische Maske vor das Gesicht und besprühte sein Haar in Richtung Garten. Wenn er nicht präzise zielte, setzte sich das feine Puder überall ab und drang sogar durch Türritzen. Das Bad war mit weißem Marmor ausgekleidet, man sah die Shampooreste nicht gleich, aber auch hier gab es Schränke mit Büchern, denen das weiße Pulver zusetzte.

Die Prozedur hatte den Vorteil, dass Karls Haar nie fettig wurde. Wenn er es, selten genug, waschen ließ, fragte sein Friseur: »Weshalb lassen Sie waschen, Monsieur? Ihr Haar ist perfekt.«

Er öffnete die Vorhänge im Salon, freundliches Frühlingslicht strahlte herein. Zum ersten Mal seit Monaten stellte Karl Duftkerzen in den Kamin, Lemongras und Heliotrop. Im Ankleideraum entschied er, heute sollte ein Yamamoto-Tag sein. Karl wählte weiße Unterbekleidung, einen schwarzen Anzug, schwarze Handschuhe und Ringe an Zeigefingern und Daumen. Zuletzt die Sonnenbrille. Der Zopf, der Vatermörderkragen, die Brille – die typischen Lagerfeld-Attribute waren mit den Jahren nach und nach dazugekommen.

Vor einem Schrank in der Ecke verharrte er. Hier hingen die Kostüme, die Martine während der Trauerzeit nach seinen Anweisungen genäht hatte, Kostüme für einen Verstorbenen. So weit ging ihre Freundschaft.

Er zog einen Brokatärmel hervor: Dieser Rock hätte Jacques in der Rolle eines d'Artagnan gezeigt. Mit dem geharnischten König hatte Martine ihre liebe Mühe gehabt. Das Kettenhemd bestand aus Silberlamé, dazu der schwere Umhang, der Helm aus mitternachtsblauem Filz. So viel Arbeit für einen Toten.

Nachdem er zu guter Letzt wieder ganz *Karl* geworden war, ging er ins Kino. Dazu brauchte er das Palais nicht zu verlassen. Er holte mehrere Filmrollen aus seinem Archiv und legte die erste in den linken Projektor, die zweite in den rechten. Sobald die eine Spule zu Ende war, konnte er vom Kinosessel aus die zweite starten. Mit einer zuckerfreien Cola setzte er sich in den Sessel und startete den Film. Er schätzte ihn nicht besonders, aber für den heutigen Tag war es der richtige Film. *L'Amour.*

PARIS, MÄRZ 1970

Andy Warhol kam nach Paris. Kein Papst, kein Präsident, kein Filmstar hätte mit seiner Ankunft mehr Aufsehen erregen können. Der blasse Amerikaner, für manche ein Revolutionär der Kunstszene, für andere lebender Beweis des Märchens *Des Kaisers neue Kleider,* hatte Filmrollen mitgebracht. Die *Cinémathèque française* widmete seinem Schaffen eine ganze Woche.

Marie-Hélène de Rothschild ließ es sich nicht nehmen, Andy Warhol in die Pariser Gesellschaft einzuführen. Zu ihrer Party waren sie alle erschienen, die Geldmacher, die Kritiker, die Künstler. Kommende Größen waren darunter und solche, deren Stern am Verglühen war. Marie-Hélène veranstaltete ihr Fest im ehemaligen *Théâtre Poupoucruille*. Sie hatte den Zuschauerraum ausräumen und als Tanzsaal gestalten lassen. Auf der Bühne spielte ein zwanzigköpfiges Orchester. Die Logen waren an die Pariser Prominenz vergeben worden. Wer keinen Platz bekommen hatte, wusste, dass er nicht dazugehörte.

Für sich hatte Marie-Hélène die royale Loge reserviert, in der einst König Ludwig XVIII. gesessen hatte. Von dort erklärte sie das Fest für eröffnet.

Mit Genugtuung registrierte Karl, dass neben Kreationen von Cardin, Patou, Chanel und den anderen Großen auffallend viele Kleider von Chloé dem Fest seinen Glanz gaben, Modelle nach Entwürfen Lagerfelds. Juwelenbehangene Matronen traten gegen freizügig dekolletierte Konkurrentinnen an. Fettmöpse im Frack tummelten sich unter den Gästen, elegante Triefaugen, schmalzlockige Tenöre, europäischer Hochadel war auch darunter. Gregory Peck erschien mit seiner Gattin, Rudolf Nurejew mit Begleiterin, die Taylor und Richard Burton gehörten ohnehin zur Grundausstattung jeder Jetsetparty. Selbst das Geschmeiß derer, die bei solchen Anlässen den nötigen vulgären Rahmen bildeten, fehlte nicht.

Das Büfett war auf vierzehn Meter langen Tischen angerichtet, Hummer, Kaviar, Langusten im Überfluss, die Backkartoffeln waren mit Trüffeln gefüllt, in den Austern verbargen sich echte Perlen. Die Fasane waren mit Gold überzogen, die Perlhühner künstlerisch bemalt.

Die Besucher in den Logen beobachteten die Tänzer auf dem Parkett und wurden von den Gästen zu ebener Erde bestaunt. Dort bekleckerte sich ein Abgeordneter der Nationalversammlung mit Hummersauce und zwinkerte seiner Geliebten zwei Logen weiter zu. Seine Gattin bemerkte es nicht, ihre Hand ruhte auf dem Knie des polnischen Geigenvirtuosen. Eine Loge höher scharte Madame Serrano, graue Eminenz unter den Filmkritikern, junge Filmhelden um sich, Trintignant, Cassel, Belmondo. In den Antichambres wurden Verträge geschlossen, Intrigen gesponnen und Liebschaften beendet.

Karl beobachtete die Königsloge, in der Marie-Hélène Andy Warhol zu Gast hatte. Sie führten eine von den übrigen Gästen gespannt verfolgte Konversation, bei der die Gastgeberin unausgesetzt Fragen stellte, Andy aber nur einsilbige Antworten gab.

Optisch schwamm Warhol gegen den Strom. Während die anderen das Teuerste aus ihren Kleiderschränken geholt hatten, war er im ausgebeulten Gabardineanzug, ohne Krawatte erschienen. Sein weißes Haar mit dem schwarzen Ansatz konnte eigentlich nur eine *beauté de diable* sein, vielleicht aber auch nicht.

Karl setzte seinen Rundgang fort. Durch seidentapezierte Gänge und über teppichgedämpfte Treppen gelangte er in einen blauen Salon, in dessen Zentrum sich ineinander verschachtelte Spiegel befanden. Gerade trat Grace Kelly, Landesmutter Monacos, davor und zog die Linien ihrer Brauen nach. Sie trug ein bodenlanges weißes Kleid, das Karl als Modell seines Konkurrenten Yves Saint Laurent erkannte. Das hätte ihn nicht daran gehindert, die befreundete Fürstin zu begrüßen, doch eine optische Täuschung ließ ihn innehalten. Er sah nicht die Fürstin selbst, sondern ihr Bild, das sich in der Brechung der Spiegel bis in die Unendlichkeit vervielfachte. Karl sah nicht nur eine Grace Kelly, sondern unzählige.

Ein Kitzeln stieg in seiner Nase auf, er nieste kurz und kräftig. Die Fürstin drehte sich um.

»Pardon. Guten Abend.«

»Wie schön, dass wir uns noch sehen.« Mit raschem Schritt kam sie auf ihn zu. »Ich wollte gerade gehen.«

»So früh?«

»Rainier erwartet mich. Wir fliegen heute Nacht zurück.«

»Er ist nicht auf dem Fest?«

»Er ist müde, und er findet Andy Warhol grauenhaft.« Beide lachten.

»Müssen Sie noch in dieser Minute fort, Madame?«

»Warum fragen Sie?«

Karl bot ihr seinen Arm und führte die Fürstin in den großen Saal. Marie-Hélène hatte wenige handverlesene

Fotografen eingeladen. Als der skandalöse Lagerfeld mit der fürstlichen Filmgöttin das Parkett betrat, richteten sich alle Linsen auf die beiden. Das Orchester stimmte einen Two-Step an.

»Würden Sie mir die Ehre geben?« Karl machte eine tadellose Verbeugung.

»Ich habe so etwas noch nie getanzt.«

Sanft, aber gebieterisch streckte er die rechte Hand aus. »Wo bleibt Ihre Courage, Madame?«

»Der ganze Saal sieht zu.«

Karl warf einen Blick zur Loge. Wie er gehofft hatte, lehnte sich Andy Warhol über die Brüstung. Der Mann, der Marilyn Monroe und Elvis Presley für die Ewigkeit festgehalten hatte, der berühmteste Voyeur der Welt, verfolgte dieses voyeuristische Highlight mit geöffnetem Mund.

»Der Two-Step ist ein Foxtrott, mit ein bisschen Boogie-Woogie beigemischt.«

Grazia Patrizia lächelte. »Sie dürfen mich zum Tanz auffordern, Karl.«

Selten tanzte Karl öffentlich. Grace Kelly war größer als er, das machte die führende Haltung schwierig, doch ein Zurück gab es nicht mehr. Karl führte die Fürstin in die Mitte, wo andere Paare Platz machten. Sie legte die linke Hand an seine Schulter, er begann mit einer Rechtsdrehung. Nach wenigen Schritten verloren sie die Richtung und stießen auf entgegenkommende Tänzer. Karl übernahm die Führung energischer, indem er die Fürstin zwang, eine kräftigere Drehung zu vollziehen. Ein Blick ihrer eisblauen Augen traf ihn, doch Grazia machte die Schrittfolge mit.

Die beiden bezauberten die Umstehenden.

»Sieh nur, wie raffiniert er sie hält.« … »Warum soll er sich nicht amüsieren?« … »Wo ist der Fürst? Ob er das gutheißt?« … »Morgen sieht er die Bilder davon in der Zeitung.« … »Wenn sie nicht schon eine Fürstin wäre, würde ich sagen: Sie tanzt wie eine Königin.«

Das Stimmengewirr spornte Karl an. Er fühlte Schweißperlen auf Stirn und Oberlippe, bei Grazia Feuchtigkeit im Rücken. Irgendwann war der Two-Step vorbei, beide blieben sichtlich erleichtert stehen.

»Vielen Dank, Karl, das war … außergewöhnlich«, sagte sie außer Atem.

Er gab sich den Anschein, als habe es ihn nicht im Mindesten angestrengt, brachte aber kein Wort heraus und küsste ihre Hand. Die Fürstin verlangte nach ihrem Mantel; man sah sie zum Seitenausgang verschwinden.

Kaum eine Viertelstunde später bahnte sich Andy Warhol seinen Weg zu Lagerfeld. Er hatte seine Polaroidkamera dabei.

»Grachnthege foukehnz funklrsd.« Das war das Kauderwelsch, das Karl verstand beziehungsweise nicht verstand. Es war Andys Attitüde, weitgehend unverständlich in einem gebetsmühlenartigen Singsang zu sprechen. Er redete praktisch immer in der gleichen Tonlage.

»Drthnhui halegrhb groodl?«, fragte der Künstler und fotografierte wahllos in alle Richtungen.

Nach und nach entschlüsselte Karl den Code des Kauderwelschs. »Auf Ihrer letzten Ausstellung in London haben Sie vorwiegend Selbstporträts präsentiert. Was war Ihr Konzept?«, fragte er.

»Mir sind die Ideen ausgegangen, das war das ganze Konzept«, nuschelte Andy. Seine Aufmerksamkeit wurde von jungen Kellnern abgelenkt, die in Silberhosen mit Weltraumhelmen und nacktem Oberkörper ihren Job taten. Die Mondlandung lag erst ein Jahr zurück.

»Wie außerirdisch …« Andy lief einem Jungen mit der Kamera hinterher und gab Karl das abgezogene Foto zum Halten, während es trocknete. »Wir machen ein Be-In«, murmelte Andy.

Mit solcher Attitüde von Wahnsinn konnte man Karl nicht beeindrucken. Doch da er Ironie hinter Warhols Andersartigkeit witterte, machte er das Spielchen mit. »Gib keine Antworten auf Fragen, deren Antworten du nicht wissen willst«, stimmte er in Andys psychedelisches Vokabular ein.

Nicht weit von ihnen wurde Yoko Ono auf dem Fest begrüßt. Sie hatte Andy gerade entdeckt.

»O nein, nicht sie«, sagte der mit plötzlich klarer Stimme und beugte sich zu Karl. »Sie hat mich neulich gezwungen, sie beim Essen eines Hamburgers zu filmen. Können wir woanders hingehen?«

»Was schwebt Ihnen vor?«

»Sie wohnen am Place Saint-Sulpice, heißt es.« Andys Auge bekam einen dunklen Glanz.

»Sie wollen mich besuchen?«

»Ein andermal. Ich dachte eher an die Clubs …«

»… in der Rue Saint-Sulpice«, begriff Karl. »Da kenne ich tatsächlich ein paar Geheimtipps.«

»Katakomben?«, fragte Andy. »Ich habe von Katakomben gehört.«

»Sie bekommen Ihre Katakomben.« Er sah sich um. Im Moment lauerten die Fotografen nicht Warhol auf, sondern Yoko Ono. »Jetzt oder nie.« Karl schleuste Andy zu einer schmalen Tür. Draußen wartete der Bentley.

Warhol stieg ein. »Hoffentlich wird in den Katakomben keine Sitarmusik gespielt.«

»Warum?« Karl startete.

»Ich kann Sitarmusik nicht mehr hören. Sie verursacht mir Blähungen.«

»Wir finden einen Ort, an dem sie keine Sitarmusik spielen.« Er gab Gas.

Karl kannte genau die Clubs, für die Andy sich interessierte. An einem diskreten Eingang wurden sie empfangen und betraten die Katakomben. Ein Lächeln überzog Andys Gesicht: Die Männer hier waren allesamt nackt. Man ging umher, begutachtete einander, im Barbereich wurde getrunken, geplaudert. Hinter Vorhängen aus Tarnplanen traf man sich.

»Sie können hier nicht fotografieren«, sagte Karl.

»Muss ich mich auch ausziehen?«

»Für Sie macht man bestimmt eine Ausnahme.« Karl führte Andy in einen Keller, wo die Nischen gepolstert waren. Heizstrahler liefen.

Wie Alice im Wunderland streifte Warhol durch das geheimnisvolle Land. Nackte Männer wollten ihn küssen, er lächelte nur und ging weiter. »Wie zauberhaft.«

Karl blieb an seiner Seite. »In New York habt ihr doch sicher Ähnliches.«

»Die Amerikaner sind Puritaner.« Andy setzte sich auf eine mit rotem Leder bezogene Matratze. »Lass uns was zusammen machen, Karl.«

»Hier?« Er guckte über den Rand der Sonnenbrille.

»Du bist lustig. Ich muss mir merken, dass du so lustig bist, Karl. Nein, einen Film. Wir machen einen Film zusammen.«

»Brauchst du denn einen Kostümbildner?«

»Vielleicht. Aber du spielst selbstverständlich mit, Karl.«

»Ich bin kein Schauspieler.«

»Du bist mehr Schauspieler als all die Leute zusammengenommen, mit denen ich gedreht habe.«

»Worum geht es in deinem Film?« Karl setzte sich zu ihm.

»Woher soll ich das wissen?« Andy schloss die Augen.

Der Film *L'Amour* löste eine Diskussion über die Einstellung homosexueller Männer zum weiblichen Geschlecht aus. Die entscheidende Kussszene wurde in Karls Appartement gedreht. Karl fand sich selbst nicht gut, aber lange nicht so grauenhaft wie den gesamten Film. Er war erleichtert, als das Machwerk verrissen wurde und rasch in der Versenkung verschwand.

KAPITEL 10

PARIS, SOMMER 1974

Die Freundschaft zwischen Karl und Yves Saint Laurent reichte in die Fünfzigerjahre zurück, als sie gemeinsam den *International Woolmark Prize* gewonnen hatten: Karl mit seinem Mantel, Yves in der Kategorie Abendkleid. Auf dem Siegerpodest standen zwei blutjunge Männer, die jahrzehntelang die Mode dominieren sollten. Es gelang ihnen, Freunde zu bleiben, obwohl sie Konkurrenten waren. Wie Karl stammte Yves aus reichem Haus, ihm gelang ein rascher Aufstieg bei Dior, und nach dem plötzlichen Tod des Namensgebers übernahm er das Zepter der Marke.

Yves und Karl bewegten sich jeder in seiner eigenen Clique, die aus Tänzern, Komponisten, Malern und arabischen Prinzen bestand und von Mannequins komplettiert wurde. Die Models dienten den Männern als weibliche Camouflage. Mit den Jahren erweiterten sich die Cliquen um Filmstars wie Kirk Douglas, Jean Gabin oder Michèle Morgan. Die Alphamännchen Karl und Yves wetteiferten darin, wer den schillernderen Zirkel sein eigen nannte. Karls Entourage schien den Sieg davonzutragen, er versammelte die Schönen und Verrückten um sich. Doch am Ende des Tages hatte Yves die Nase vorn. Er galt als der wahre Prinz von Paris. Obwohl in Algerien geboren, war er Franzose. Es gefiel manchen nicht, dass Karl sich als Deutscher anmaßte, die Hauptstadt für sich zu beanspruchen. Um Yves scharten sich das Geld und der Einfluss; die Rothschilds und die halbe Regierung zählten zu seinen Freunden. Karl blieb stets der charismatische deutsche Schäferhund.

Solange Frieden zwischen ihnen herrschte, kam es nicht so darauf an, wer vorne lag. Am entspanntesten genossen sie ihre Koexistenz, wenn sie zusammen ausgingen. Ihre nächtlichen Reisen begannen meistens im Café de la Rotonde, führten über das Café du Dôme und endeten im Restaurant La Coupole am Boulevard du Montparnasse, wo die Kellner Münzen warfen, wer von ihnen bleiben und die prominente Runde bedienen musste, bis der Hahn krähte.

An solchen Abenden übernahm Karl die Rolle des Tugendhüters. Er hatte ein Glas Cola vor sich stehen, rauchte nicht und nahm keine Drogen. Das Mannequin

Victoire, das sie häufig begleitete, warnte Yves, er habe schon zu viel getrunken. Übermäßiger Alkohol brachte seine Frivolität an die Oberfläche. In dieser Nacht war das Objekt seiner Begierde Jacques de Bascher.

»Er ist das reizendste Ding der Welt.« Yves reinigte seine Brille mit einem feuchten Tuch.

Karl witterte die Gefahr, ließ sich das aber nicht anmerken. Eifersucht galt als spießig und als Ausdruck des beginnenden Alters.

Yves ließ die Augen nicht von Jacques. »Dein Sahnetörtchen hat Gefallen an der Bedienung gefunden.« Er wies auf den Jungen, der sich mit einem Kellner unterhielt. »Er ist eine wahre *beauté de diable.*«

»Und wie jede *beauté de diable* rasch vergänglich«, wiegelte Karl ab.

»Vorläufig ist er aber in seiner Jugendblüte. Ein veritabler d'Artagnan. An ihn muss Dumas gedacht haben, als er *Die drei Musketiere* schrieb.«

»Der Champagner trübt deinen Blick. Du solltest Cola trinken wie ich, dann hättest du solche Illusionen nicht. Jacques ist eher der Typ Gigolo, lediglich durch teure Garderobe veredelt.«

Jacques kam an den Tisch zurück. »Wollen wir essen?«

Yves machte Platz: Jacques sollte sich neben ihn setzen. »Hast du vom Garçon eine Empfehlung bekommen?«

»Der Fisch ist *comme ci comme ça.* Ich nehme aber lieber die Medaillons Tournedos.«

Yves legte den Arm um Jacques. »Dein deutscher Begleiter ist misstrauisch geworden wegen uns beiden.«

Karl sah sich gezwungen, bei dem Spaß mitzuspielen. »Jacques, du tauschst sofort den Platz mit mir!«, rief er im Ton eines gehörnten Ehemannes. Die anderen lachten.

Der Kellner trat an ihren Tisch. »Haben die Herrschaften gewählt?«

Jacques bestellte Tournedos und lächelte dem abziehenden Kellner hinterher.

»Du bringst mich noch zur Raserei, Jacques, wenn du das Äugeln nicht lässt«, wetterte Karl. »Erst Yves, jetzt der Kellner!«

Das Treffen blieb angespannt, die Scherze provokant. Yves, der mit dem Geschäftsmann Pierre Bergé liiert war, versuchte seit Langem, Jacques zu erobern. In dieser Nacht *wollte* er ihn so sehr, dass Karl nicht mehr wusste, wie er gute Miene zu dieser Geschmacklosigkeit machen sollte.

Victoire hatte den rettenden Einfall. »Lasst uns zu Madame Fatima fahren«, schlug sie vor, als Karl kurz davorstand, seinem Konkurrenten die Colaflasche über den Kopf zu ziehen.

»Um vier Uhr morgens?«, entgegnete Yves.

»Ja, das machen wir!« Jacques reagierte begeistert. »Nicht wahr, Karl?«

Karl glaubte an die Gabe des Zweiten Gesichts, darin ähnelte er seiner Mutter. Kein Volksfest, auf dem Elisabeth Lagerfeld nicht die dortige Hellseherin aufgesucht hätte. Die Adressen der führenden Wahrsagerinnen europäischer Großstädte notierte sie in einem Büchlein. Durch Elisabeth war Karl auf die Königin der Pariser Spiritistinnen aufmerksam geworden, Madame Fatima. Er besuchte sie regelmäßig und hatte Victoire bereits einmal mitgenommen. Yves konnte dem Hokuspokus nichts abgewinnen, doch da sich Jacques so sehr für die Idee erwärmte, brach man gemeinsam in die Rue de Maubeuge auf.

»Wird sie uns mitten in der Nacht überhaupt aufmachen?«, fragte Yves.

»Die Frau verbringt ihr ganzes Leben im Bett«, antwortete Karl. »Für sie machen Tag und Nacht keinen Unterschied.«

Die Tochter Fatimas öffnete und führte die Clique ins Schlafzimmer, wo bereits eine Konsultation stattfand.

Madame Fatima war Orientalin, deren Faszinosum in ihren türkisgrünen Augen lag. Im getupften Nachthemd saß sie im Bett. An der Wand hingen die Insignien der führenden Weltreligionen, ein Kruzifix, eine Menora und eine Mesusa. Auf Fatimas Schoß schlief ein langhaariger Chihuahua.

»Ich sehe ein Abenteuer«, erklärte sie den anderen Besuchern. »Einen Ausflug ans Meer. Am Strand begegnet dir ein Mann in grüner Badehose. Er hat einen dicken Hund.«

»Das muss Emile sein«, sagte ein jugendlicher Glatzkopf zu einer Frau mit Perlenkette. »Emile hat einen Hund.«

»Emile würde nie eine grüne Badehose tragen«, entgegnete sie und fuhr fort: »Wann wird Emile an diesem Strand sein, Fatima?«

»Wenn du am wenigsten damit rechnest«, antwortete die Wahrsagerin.

»Ich kann aber nicht ständig ans Meer fahren.«

Nachdem die Frau mit der Perlenkette fertig war, kam die Clique an die Reihe.

Karl begrüßte die Wahrsagerin als alte Bekannte. »Fatima, ich habe einen Freund. Aber ich glaube, er ist mir untreu.«

»Ja, er ist dir untreu«, antwortete Fatima. »Trotzdem hat er dich sehr gern.«

»Da hörst du es«, sagte Victoire. »Er hat dich gern.«

»Du solltest ihn eine Zeit lang nicht sehen«, fuhr Fatima fort.

Karl und Jacques tauschten einen Blick. »Ihn nicht sehen – warum?«

»Bring erst gewisse Dinge in Ordnung.«

»Was für Dinge?«

»Du überwindest eine große Strecke um die halbe Welt.«

»Danke, Fatima. Ich werde darüber nachdenken.« Karl trat zurück.

Yves baute sich vor dem Bett auf. »Ich möchte etwas Berufliches fragen.« Lächelnd nahm er die Brille ab. »Aber Sie wissen ja, Madame, eine Wahrsagerin macht ihr Geld damit, dass sie den Leuten etwas Erfreuliches prophezeit.«

Fatima faltete die Hände vor der Brust. »Du wirst mehr Erfolg haben, als du dir je vorstellen konntest. Aber es wird schnell wieder damit vorbei sein.«

Ein Moment der Stille.

»Ein bisschen präziser, wenn ich bitten darf«, entgegnete Yves.

»In den Zeitungen wird dein Tod verkündet.«

»Was? Wann?«

»Aber du bist nicht tot. Du führst nur das Leben eines Toten. Lebe nach deinem Lieblingsbuch«, sagte Fatima. »Die Zeit ist nicht verloren, sie versteckt sich nur vor dir.«

»Die *Zeit*?« Hektisch putzte Yves die Brille.

»Was ist dein Lieblingsbuch?«, fragte Victoire.

»Auf der Suche nach der verlorenen Zeit.« Yves verließ das Zimmer.

Fatima winkte Karl noch einmal zu sich. »Für dich wird alles erst beginnen, wenn es für ihn längst vorbei ist.«

KAPITEL 11

NEW YORK, FRÜHLING 1975

Ähnlich wie Coco Chanel kreierte Karl ein Parfum für das Label Chloé und schloss einen Millionenvertrag mit dem amerikanischen Kosmetikriesen *Elizabeth Arden* ab. Gemäß der Prophezeiung von Madame Fatima legte er eine weite Strecke zurück und landete in New York. Sein Gepäck bestand aus fünfunddreißig Koffern. Er nahm Jacques als Reisemarschall mit. Es wäre zu riskant gewesen, ihn als Freiwild in Paris zurückzulassen.

Karls Entourage beanspruchte drei Limousinen und belegte drei Suiten im Plaza Hotel. Die amerikanische Presse bedankte sich mit Lobeshymnen für das schillernde Entree. Lagerfeld war der Name, der von nun an mit Pariser Haute Couture gleichgesetzt wurde. Indem Karl nicht in Paris zu punkten versuchte, sondern nach New York auswich, triumphierte er über Yves Saint Laurent.

Zur Präsentation des Parfums, das den schlichten Namen *Chloé* trug, trat Karl den Gang durch das nicht enden wollende Blitzlichtgewitter und die After-Show-Partys an. Die Presse nannte ihn eine Symbiose aus Madame Pompadour und Andy Warhol. Die Sonnenbrille als permanenten Schutz für seine Augen hatte sich Karl von Andy abgeguckt. Jemandem nicht in die Augen sehen zu können, schuf den Nimbus des Geheimnisvollen. Die Brille wurde zu Karls Markenzeichen. Ray Charles, den er ebenfalls in New York traf, beglückwünschte Karl dazu, der Ray-Ban-Connection beigetreten zu sein.

Um für die vielen Interviews seine Komfortzone nicht verlassen zu müssen, ließ Karl eine Suite des Plaza im Stil seines Pariser Wohnzimmers umdekorieren. Dort empfing er Reporter und beschenkte sie mit zeitlosen Bonmots. Der Ruf Lagerfelds, stets druckreife Aphorismen zu liefern, nahm im Plaza Hotel seinen Anfang. Man forderte sie nun ständig von ihm und wurde nie enttäuscht.

Tracy Hauptman, die gefürchtete Talk-Moderatorin von CBS, wollte Lagerfeld in ihrer Show haben. Da seine Termine zu eng getaktet waren, konnte er jedoch nicht ins Studio am Broadway kommen. Tracy erklärte sich einverstanden, das erforderliche Equipment im Plaza aufzubauen.

Die Fenster der Suite wurden verdunkelt, die Scheinwerfer auf hohen Stativen platziert. Der Kameramann bemängelte, das Feuer im offenen Kamin brenne nicht intensiv genug. Karl ließ eine Leitung mit flüssigem Magnesium verlegen. Nun beeindruckte das Feuer durch seine weißblaue Schönheit. Überhaupt zeigte Lagerfeld keine Zurückhaltung, die Beleuchtung des Kameramannes ständig zu korrigieren. Das Spitzlicht auf seinem Oberkopf war ihm zu flach, das Seitenlicht nicht kühl genug.

»In diesem Licht sehe ich ja aus wie ein Märchenonkel in der Weihnachtssendung.«

Obwohl Tracy Hauptman dafür bekannt war, Männern gegenüber besonders dominant aufzutreten, ließ sie Karl gewähren. Vor der Sendung saßen die beiden nebeneinander am Schminktisch.

»Darf *ich* Ihnen wenigstens die Fragen stellen, oder wollen Sie das lieber auch selbst machen?«, stichelte Tracy.

Karl verwahrte sich dagegen, dass in seinem Gesicht herumgepfuscht wurde. Jacques hatte ihn bereits geschminkt. Er wünschte sich nur einen Hauch Haarspray. »Das sieht sonst so zusammengedrückt aus.«

Der Maskenbildner gab sich alle Mühe, doch seine Finger zitterten.

»Geben Sie her, ich mache das selbst.« Zweimal mit der Spraydose ins Haar gezischt, und Karls Frisur saß.

»Können wir dann?« Miss Hauptman ging voraus in die Dekoration.

Karl wünschte sich ein hartes Kissen unter seinem Popo. »Sonst sehe ich kleiner aus als Sie, Tracy.«

Miss Hauptman nahm auf der Chaiselongue Platz. »Wollen Sie etwa während des Interviews die Sonnenbrille aufbehalten?«

»Haben Sie eine Ahnung, wie viele Scheinwerfer in den letzten Tagen auf mich gerichtet waren?« Karl machte es sich auf dem Kissen bequem. »Ich mag Sie, Tracy, aber ich ruiniere mir Ihretwegen nicht die Augen.«

Der Aufnahmeleiter schlug die Klappe mit den Händen. Die Kennmelodie der Show erklang.

Miss Hauptman hatte kleine Karten auf dem Schoß. »Mr Lagerfeld, Sie sind in New York mit einem Triumphzug empfangen worden, der einem Imperator zur Ehre gereicht hätte. Sind Sie zufrieden mit Ihrem Erfolg?«

»Ich bin nie zufrieden«, antwortete er, noch während sie sprach. »Ich bin ständig schlechter Laune über mich selbst, nie über andere. Ich halte Unzufriedenheit für gesund. Darum denke ich auch nie an das, was ich schon gemacht habe.«

»Sie wollen sich niemals auf Ihren Lorbeeren ausruhen?«

»Wenn man sich ausruhen muss, sollte man aufhören. Ich brauche das nicht, weil ich optimale Bedingungen für meine Arbeit habe. Es gibt Leute, die müssen arbeiten, um sich ihr Leben zu verdienen, und es gibt Leute, die dafür leben zu arbeiten. Zu denen gehöre ich.«

Es irritierte Tracy offenbar, dass Lagerfeld so lange, dabei druckreife Antworten gab. Wenn das in diesem Stil weiterging, würde sie kaum die Hälfte ihrer Fragen unterbringen. Sie entschloss sich zu einer Provokation. »Mr Lagerfeld, Sie müssen ständig am Zeitgeist dranbleiben. Wird das mit zunehmendem Alter nicht schwieriger?«

»Zeitgeist – das Wort gibt es übrigens nur im Deutschen. Die Zeit passt sich nicht uns an, wir passen uns der Zeit an, und ich passe mich ziemlich leicht an.«

»Wie machen Sie das?«

»Ich finde selbst in uninteressanten Situationen etwas Interessantes.«

»Was finden Sie an unserem Interview interessant?«

Karl griff zum Colaglas. »Das sage ich Ihnen nach dem Interview.«

Miss Hauptman wechselte die Karte. »Paris gilt als die Modehauptstadt der Welt. Empfinden Sie Bewunderung für Ihre großen Pariser Kollegen?«

»Nein. Wenn man in meinem Beruf krepieren will, dann geht man in Richtung Bewunderung. Ich mache das, was mir gefällt, egal, was die andern machen. Und ich diskutiere nicht darüber.«

»Sie diskutieren niemals während des Entstehungsprozesses?«

»Wozu? Ich brauche nicht zu diskutieren, weil ich vorher nachdenke.«

Außer den Technikern waren noch ein paar Leute im Raum. Man hörte Gelächter. Karl trank einen Schluck, im Bewusstsein, sein Publikum in der Tasche zu haben.

Tracy wurde eisiger. »Haben Sie nicht einmal über sich selbst gesagt: Ich bin kein seriöser Mensch?«

»Das bin ich auch nicht.«

Sie stieß in die offene Flanke. »Wollen Sie behaupten, Sie sind nur die Oberfläche, die wir von Ihnen kennen?«

»Man muss sich sorgfältig um seine Oberfläche kümmern, um zu verschleiern, was dahinter ist.«

»Was verbirgt sich hinter Ihrer Oberfläche, Mr Lagerfeld?«

»Es wäre für eine Talkshow zu langweilig, Ihnen zu erzählen, was für ein toller und tiefer Mensch ich bin. Das wäre doch furchtbar.«

»Versuchen Sie es mal.«

»Nein.«

»Warum nicht?«

»Weil ich mir solche Fragen nicht stelle. Mir wurde als Kind gesagt: Wenn man ehrlich ist, kennt man jede Frage über sich selbst und jede Antwort. Deshalb mag ich die Psychoanalyse nicht.«

»Sie haben sich noch nie analysieren lassen?«

»Nein. Kein Analytiker darf näher als hundert Schritte an mich heran. Ich halte es in dem Fall mit der Geliebten von Rainer Maria Rilke, die sagte: Lass dich nie analysieren. Das tötet die Kreativität.«

Tracy war anzumerken, dass sie Rilke nicht sofort einordnen konnte, und sie ging zur nächsten Frage über: »Gibt es einen Menschen, den Sie mehr lieben als sich selbst?«

»So egoistisch, wie Sie glauben, bin ich gar nicht. Man muss allerdings immer zuerst an sich denken, nur dann ist man in einer Position, auch an andere denken zu können. Wenn man sich nur aufopfert, landet man im Mülleimer, sobald man nichts mehr zu opfern hat.«

»Das ist ein geradezu biblischer Gedanke«, entgegnete Tracy ironisch.

»Nett, dass Sie das sagen, aber ich bin nicht prätentiös genug, mich mit der Heiligen Schrift zu vergleichen.«

Tracy, deren Show überall in den puritanischen USA gesehen wurde, fuhr nun schwerere Geschütze auf. »War es nie ein Problem für Sie, als homosexueller Mann zu gelten?«

»Ach, so schlimm ist das gar nicht. Als Junge habe ich meine Mutter gefragt, was das ist: schwul. Sie antwortete: Das ist wie eine Haarfarbe. Es gibt diese, und dann gibt es auch noch andere.«

»Bedeutet das, Sie haben sich Ihre Sexualität mal so und mal so ausgesucht?«

»Es gibt ein wunderbares Zitat von Paul Klee: Ich habe alles probiert, ich habe alles gemacht, und jetzt bin ich ein eiskalter Stern.«

»Stimmt das?«

»Es ist ein Zitat, Tracy, keine Konfession von mir.«

»Kann es sein, dass Sie auf meine Fragen heute diese und morgen eine andere Antwort geben würden?«

»Selbstverständlich. In Paris sagt man: Nur Dummköpfe ändern ihre Meinung nicht. Ich bin in der Modebranche, da ändert sich doch ununterbrochen alles.«

Tracys Fragen kamen nun wie ein Maschinengewehrfeuer. »Wissen Sie, wie viel Geld Sie besitzen?«

»Das müssen Sie meinen Buchhalter fragen.«

»Sie wissen es wirklich nicht?«

»Nein. Da könnte ich ja sonst geizig werden, und Geiz ist die schlimmste aller Charaktereigenschaften. Geld muss man aus dem Fenster schmeißen, damit es durch die Tür wieder hereinkommt.«

Wieder Gelächter aus der Dunkelheit.

Da Karls Glas leer war, brachte ihm ein Assistent ein frisches.

»Was ist Ihre Definition von Liebe?«

»Jedenfalls keine romantische.«

»Glauben Sie nicht an Romantik?«

»Romantik ist ein Klischee. Die Liebe muss sorglos und leicht sein. Alles andere ist grauenhaft.«

»Und die Eifersucht?«

»Ich bin in meinem Leben nie eifersüchtig gewesen. Viele ruinieren sich ihr Leben mit Eifersucht, das ist mir nie passiert. Wenn jemand mit mir im Raum ist, sind wir zusammen. Aber in der Minute, wenn der andere aus der Tür geht, interessiert mich das nicht mehr. Das ist die einzige und beste Lösung in Bezug auf Eifersucht.«

»Werden Sie lieber bewundert oder gehasst?«

»Hass und Verachtung sind mir erträglicher als Bewunderung, sagt Claudel.«

»Gilt das auch für Sie?«

»Ich kann dem Satz etwas abgewinnen, weil man sich für seine Feinde mehr Mühe gibt. Für seine Freunde meint man sich nicht anstrengen zu müssen.«

Im Hintergrund ging lautstark etwas zu Bruch. Karl und Tracy blickten in die Richtung.

»Ist das ein Hinweis, dass wir allmählich zum Ende kommen sollten?« Er lächelte. »Wir wollen doch niemanden langweilen.«

»Ist Langeweile für Sie ein Verbrechen?«

»Das schlimmste Verbrechen an der eigenen Person.«

»Sie langweilen sich nie?«

»Nicht eine Sekunde. Sich heutzutage zu langweilen, mit all den herrlichen Möglichkeiten, ist kriminell.«

»Da Sie selbst so interessant sind, würden Sie Karl Lagerfeld mal kennenlernen wollen?«

»Wozu? Ich kenne den Kerl ja.«

»Wäre es nicht interessant, wenn es jemanden wie Sie noch einmal gäbe?«

Karl behielt sein Lächeln, behielt die Sonnenbrille auf, er behielt das Colaglas in der Hand, aber er hatte genug. Genug von ihrer durchschaubaren Provokation und genug von den schmeichlerischen Anteilen. Er suchte nach einem Satz, den Tracy als Schlusswort verwenden konnte. »Es gibt gewisse Exemplare, Tracy, die man einfach nicht duplizieren kann.«

Sie nahm sein Angebot für das Finale nicht an. »Womit kann man Sie treffen, Karl?«

»Kennen Sie die Geschichte von Kriemhild und Siegfried?«

»Nicht im Detail.«

»Eine urdeutsche Geschichte. Siegfried hat den Drachen erschlagen und in dessen Blut gebadet. Dadurch wurde er unverwundbar. Es gab allerdings eine Stelle auf seinem Rücken, wo man ihn verletzen konnte. Seine Gattin Kriemhild nähte dort ein Kreuz auf Siegfrieds Hemd und sagte zu Hagen, dem Bösewicht: Pass auf, dass ihn niemand an dieser Stelle angreift. Aber natürlich hat Hagen Siegfried seinen Speer genau dort in den Rücken gejagt.«

»Was hat das mit Ihnen zu tun, Karl?«

Er stellte das Glas beiseite. »Ich habe mir kein Kreuz auf mein Hemd sticken lassen. Deshalb weiß niemand, wo ich verwundbar bin.«

KAPITEL 12

WIEN, BURGTHEATER, 1980

»Auf einer frei liegenden Wiese vor einer Hütte mit zwanzig Fenstern sollte man sich nicht küssen, Aurelie.« Max lehnte sich an das schmiedeeiserne Geländer. Es wackelte.

»Seit dem Kuss von letzter Nacht haben wir einen Schein um den Kopf, mein lieber Max.« Aurelie trug ein lachsfarbenes bodenlanges Kleid, bedeckt von einem hauchdünnen bestickten Tüll, dazu armlange schwarze Handschuhe. Die Farbe des Kleides ließ sie im dämmerigen Licht fast nackt erscheinen.

»Sie sollten nicht kokett sein, Aurelie.« In einem cremefarbenen Sommeranzug mit doppelreihiger Weste und Uhrkette von der Brusttasche zum Revers trat Max neben sie.

»Ich bin, wie ich bin.« Sie wandte sich ins Licht der Scheinwerfer.

»Ich nicht, Aurelie. Ich bin ein anderer seit dem Kuss von letzter Nacht.« Max tat einen Schritt nach vorn und nahm Aurelie damit das Licht. Er packte ihre Hand. »Ich bin toll, Aurelie, einfach toll. Ich wär' imstande, eine rasende Dummheit zu begehen. Plötzlich verstehe ich das alles! Ich verstehe Fensterpromenaden und Serenaden, verstehe, dass man aus unglücklicher Liebe in den Abgrund springt. Es ist ein Rausch!« Er umfasste sie leidenschaftlich. »Du, du!«

Die Darstellerin der Aurelie wand sich aus den Armen des Darstellers von Max. »Horst, entschuldige, ich muss dich da was fragen …«

»Ja?«, kam es aus dem Zuschauerraum.

Die Proben am Burgtheater gingen in die letzte Phase. Man probierte das Stück bereits in Kostüm und Maske. Die Beleuchtung war eingerichtet, das Bühnenbild komplett. Auf dem Probenplan für heute stand: Durchlauf 3. Akt. Sofern bei so einer Durchlaufprobe überhaupt jemand unterbrechen durfte, war es der Regisseur, nicht eine Schauspielerin.

Horst Zankl war ein umgänglicher Mensch. Er hatte eingesehen, dass die Burgschauspieler nicht wie gewöhnliche Sterbliche behandelt werden durften. Sie waren die Olympier ihrer Kunst, die Lipizzaner des Hof-Burgtheaters. Da sie ihr Publikum mit unvergesslichen Aufführungen beschenkten, nahmen sie sich Freiheiten heraus.

»Was gibt es denn, Elisabeth?«, fragte er daher aus dem dunklen Saal.

»Ich finde, Helmut stiehlt mir an dieser Stelle das Licht«, beschwerte sich Elisabeth. »Jedes Mal, wenn er sich dorthin stellt, bin ich im Dunkeln.«

»Ich muss auch etwas sagen, Horst«, widersprach Heli, der den Max spielte. »Elisabeth steht den ganzen Abend im Rampenlicht, während ich im Halbdunkel um sie herumgeistern darf. Da will ich wenigsten bei meinem Monolog ein bissl Licht haben, Horst.«

Zankl kam an die Rampe. »Herr Kratochwil!«, rief er.

»Bitte, Herr Zankl?« Der Bühnenmeister trat hinter dem Portal hervor.

»Herr Kratochwil, könnte man das Geländer da bitte fester anschrauben? Das wackelt.«

»Sofort, Herr Zankl.« Der Bühnenmeister sprach in sein Funkgerät. »Technik, bitte mit Akkuschrauber auf die Bühne. Technik bitte.«

Es waren lediglich zwei Schrauben festzuziehen, doch es erschienen sechzehn Männer in schwarzen Arbeitsmänteln. Einer trug den Akkuschrauber wie den Heiligen Gral vor sich her. Einer hielt das schmiedeeiserne Geländer fest, während geschraubt wurde. Die anderen schauten zu. Währenddessen klärte Zankl das Stellungsproblem zwischen Elisabeth und Heli.

»Wir machen weiter!«, rief er schließlich und eilte an

den Regieplatz zurück. Bevor er sich setzte, warf er Karl Lagerfeld und dessen Assistentin einen entschuldigenden Blick zu.

Karl und Martine saßen in der vorletzten Reihe. »Ich hasse Schauspieler«, raunte er.

»Das meinen Sie nicht wirklich«, flüsterte Martine.

»Ich dachte immer, Mannequins seien das nervigste Gesocks auf Erden, aber Schauspieler sind hundertmal schlimmer.«

»Nicht alle.«

»Stimmt.« Karl guckte über den Rand der Sonnenbrille. »Pornodarsteller mag ich.«

»Was?« Sie wandte sich zu ihm.

»Pornografie ist das Gegenteil von Hypokrisie. Die Schauspieler, die so etwas machen, sind ehrlicher als die Pappnasen dort oben, die Gefühle heucheln. Beim Porno kann man nicht heucheln, da gibt es nichts vorzutäuschen.«

»Finden Sie Pornos denn ... ästhetisch, Karl?«

»Manche sind ästhetisch, andere nicht. Es gehört Mut dazu, bei so etwas mitzumachen.«

Zankls Assistentin kam nach hinten gehuscht. »Ich weiß, dass Sie die Kostüme besprechen müssen, Herr Lagerfeld, aber geht es ein bisschen leiser?«, bat sie unterwürfig.

Der dritte Akt näherte sich seinem Höhepunkt. Die

Abendgesellschaft um Prinz Arduin trat auf; Max und Aurelie flohen in einen Pavillon am Bühnenrand.

»Ich möchte mit Ihnen zusammen sein, Aurelie. Ich weiß, Sie werden mich wegen meines Alters nicht ewig lieben. Aber spielen Sie bitte nicht mit mir. Zum Lächerlichwerden habe ich kein Talent.«

Da war es wieder, das Gefühl, dessentwegen Karl aus Paris geflohen war. Das Gefühl ließ sich auch in Wien nicht verdrängen oder vergessen. Auf der Bühne des Burgtheaters wurde exakt das abgehandelt, was Karl unerträglich geworden war, was er aber nicht zugeben konnte, wollte er nicht wie ein gedemütigter Hahnrei dastehen: Karl war außer sich vor Eifersucht.

In seinem New Yorker Interview hatte er gesagt: »Viele ruinieren sich ihr Leben mit Eifersucht. Das ist mir noch nie passiert.«

Doch Karls Liebe, Jacques de Bascher, hatte ein Verhältnis mit Yves Saint Laurent angefangen. Nicht etwa heimlich, die Affäre war stadtbekannt. Yves hatte auf einem Gebiet gepunktet, wo er Karl wirklich treffen konnte.

Als die Situation nicht mehr auszuhalten gewesen war, hatte Karl Martine gebeten, ihn nach Wien zu begleiten. Er machte die Kostümausstattung für das Schnitzler-Drama, ohne geahnt zu haben, dass ihm in dem Stück ein quälender Spiegel vorgehalten werden würde. In Karls

Herzen regierte Eifersucht, und all die Schönheit Wiens konnte daran nichts ändern.

»Später einmal könnte ich Sie lieben, Max«, sagte Aurelie auf der Bühne.

»Das Leben ist nicht so lang, Aurelie. Warten werde ich nicht auf Sie.« Max seufzte. »Ach Gott! Schön wäre es schon.«

»Was denn?«

»Wieder jung zu sein.«

»Sie sind es lange genug gewesen.«

»Ja, aber zu früh. Mit vierzig sollte das Leben anfangen, da hätte man etwas davon. Mir ist, als ob alles Bisherige nur ein Vorspiel gewesen wäre, als finge die Liebe jetzt überhaupt erst an.«

»Das ist ja grauenhaft!«, zischte Karl. Fahrig packte er seine Sachen zusammen. »Wie konnte Schnitzler so einen verquasten Kitsch schreiben?«

Martine sah ihn an und verstand. Karls fünfzigster Geburtstag war nicht mehr fern, Jacques dagegen hatte den dreißigsten noch nicht gefeiert. Karl konnte seinen alternden Hals hinter dem hohen Vatermörderkragen verstecken, er mochte sich so geschickt kleiden, wie er wollte, aber er war nicht mehr jung.

Karl sprang auf.

»Soll ich mitkommen?«, fragte Martine.

»Nein. Ich will … nur an die Luft. Notieren Sie, was

wir noch ändern müssen.« Er huschte aus der Zuschauerreihe und wollte zum hinteren Ausgang.

»Ich verstehe dich nicht«, sagte Aurelie auf der Bühne. »Es gibt doch noch etwas anderes auf der Welt als die Liebe.«

Karl blieb stehen.

Max trat an die Rampe. »Wenn man gerade in Laune ist, wird man Millionär«, sagte er versonnen. »Man malt Gemälde oder baut ein Imperium auf. Aber das sind nur Nebensachen. Das Wichtigste, die Hauptsache auf der Welt, das seid ihr, nur ihr.«

Karl stand im Dunkeln. Der nüchterne norddeutsche Karl, dem von Kindesbeinen Disziplin und Selbstbeherrschung beigebracht worden war, weinte lautlos und sah zu, wie Max, die Bühnenfigur, sich in ihr Schicksal ergab. Auf dem Theater liebte man traurig-heldenhafte Männer und fühlte mit ihnen. Im wahren Leben fand man sie erbärmlich.

WIEN, BURGTHEATER, EINE WOCHE SPÄTER

»Im Grunde Ihrer Seele sind Sie feig«, schleuderte Max seinem Widersacher im fünften Akt entgegen.

»Ich habe wohl nicht richtig verstanden«, entgegnete

der fesche Leutnant, der ein Verhältnis mit Max' Ehefrau hatte.

»Ich weiß nicht, was Sie verstanden haben«, zischte Max. »Ich bin gern bereit, es zu wiederholen: feig!«

Karl saß in der Ehrenloge. Hinter seiner Sonnenbrille betrachtete er die Menschen im Parkett. Vorgebeugt, mit aufgerissenen Augen saßen viele da. Manche Gattin hatte die Hand des Gatten genommen, der Raum war erfüllt von Mitgefühl und Spannung. Max, der alternde Bühnenheld, hatte seinen jungen Widersacher auf eine Weise provoziert, auf die es im Wien der Jahrhundertwende nur eine Antwort gab: ein Pistolenduell, Distanz nicht mehr als zwanzig Schritte.

»Sie werden von mir hören«, antwortete der Jüngling und verließ die Bühne.

Max' Ehefrau nahm ihren Gatten beiseite. »Was ist dir nur eingefallen?«

»Hab keine Angst, ich werde ihm schon nicht viel tun.«

»Warum dann? Ja, wenn dir an mir noch das Geringste läge, wenn es Hass wäre, Eifersucht oder Liebe ...«

»Liebe? Davon spüre ich allerdings wenig.«

»Warum also?«

»Ich will kein Hahnrei sein«, antwortete Max.

»Genau, das ist es!«, murmelte Karl so laut, dass einige zu seiner Loge hochblickten.

»Was ist denn?«, flüsterte Martine.

Karl hatte niemanden aus Paris zur Premiere eingeladen. Martine belegte den Ehrenplatz neben ihm.

»Ein Duell«, antwortete Karl hinter vorgehaltener Hand. »Ich werde ihn zum Duell fordern.«

»Yves Saint Laurent? Sie wollen ihn erschießen? Sie wollen es den beiden heimzahlen?«

Karl bekam auf einmal unerklärlich gute Laune. »So ist es. Aber ich kann warten, Martine. Ich kann jahrelang warten. Dann aber fällt der Schuss. Er fällt, wenn die beiden nicht mehr damit rechnen.«

KAPITEL 13

PARIS, 1980

Der Beatnik-Look, die Safarijacken, hüfthohe Lackstiefel, Mondrian-Dresses für Twiggy, der Smokinganzug für Frauen – Yves Saint Laurent blieb Lagerfelds kreativster Konkurrent. Er ließ Einflüsse seiner nordafrikanischen Heimat in die Mode einfließen und kreierte ausladende Schulterpolster für Frauen. Er experimentierte mit preiswerten *Ready-to-wear-Lines* und erweiterte seine Palette um Kosmetikartikel. Er verblüffte Lagerfeld mit einem Parfum für Männer, das Saint Laurent selbst bewarb – nackt auf riesigen Plakaten.

Die Affäre zwischen Yves und Jacques war abgeflaut, man kannte einander mittlerweile zu gut. Gleichzeitig durchlebten Karl und Jacques eine friedliche, mitunter gelangweilte, jedenfalls keine verliebte Phase. An den Schuss, der fallen sollte, dachte Karl kaum noch, seine

Eifersucht hatte sich selbst geheilt. Jacques war im Grunde nichts weiter als ein fauler, ziemlich ungebildeter junger Mann, der sein Jurastudium abgebrochen und nie wirklich gearbeitet hatte. An Karls Seite führte er ein parasitäres Dasein. Das störte den Älteren nicht, hielt sein Interesse für den Jüngeren aber in Grenzen.

Ähnlich wie seine Rachepläne hatte Karl auch die Prophezeiung von Madame Fatima vergessen. Sie machte sich von selbst bemerkbar.

In den frühen Sechzigerjahren hatte Yves Saint Laurent damit rechnen müssen, zur französischen Armee eingezogen zu werden. Die algerischen Unabhängigkeitsbestrebungen wurden immer brutaler, weil Frankreich nicht daran dachte, sein Territorium in Nordafrika aufzugeben.

Marcel Boussac, Besitzer des Hauses Dior, hatte Yves früher schon einmal geholfen, sich der Einberufung zu entziehen. Diesmal verweigerte er seine Unterstützung. Nach dem Flop von Yves' letzter Kollektion war Boussac froh, den Chefdesigner für einige Zeit loszuwerden. Je näher Yves' Einberufung kam, desto stärker litt sein Gesundheitszustand. Er las von den Tausenden Toten, Verwundeten und Verkrüppelten, die der Krieg auf beiden Seiten forderte. Als er die Uniform schließlich anziehen musste, befand sich Yves am Rande eines Nervenzusammenbruchs. Für seine Vorgesetzten war es keine Überraschung, dass der nervlich labile Saint Laurent nur zwanzig Tage durchhielt, bevor man ihn in ein Militärkrankenhaus überstellte. Dort ereilte ihn die Nachricht, dass Boussac ihn als künstlerischen Chef von Dior gefeuert hatte.

Yves' Zustand verschlechterte sich so sehr, dass er in das psychiatrische Militärhospital Val-de-Grâce verlegt wurde. Später erzählte er Horrorgeschichten über diese Anstalt: Er sei mit Elektroschocks gequält und in besudelten Laken liegen gelassen worden. In Wahrheit entsprach seine Behandlung dem Wissensstand der Zeit. Er bekam Psychopharmaka, und als die nicht anschlugen, verordnete man eine Elektrokonvulsivtherapie.

Nach zwei Monaten wurde Yves mit einem Körpergewicht von nur noch vierzig Kilogramm entlassen und war damit untauglich für jeden Militärdienst. Sein Partner Pierre Bergé verklagte Dior wegen Vertragsbruchs und brachte Yves zur Erholung nach Gran Canaria. Saint Laurent gewann den Prozess und erhielt umgerechnet anderthalb Millionen Dollar, genug, um sein eigenes Modehaus zu eröffnen. Die Marke wurde zu einer der erfolgreichsten der Branche.

Zu Beginn der Achtzigerjahre stellten sich bei Yves wieder Gesundheitsprobleme ein. Er war Mitglied des Fashion-Jetsets, teilte seine Zeit auf zwischen Paris und New York und gab sich nach außen selbstsicher. Doch um diese Fassade aufrechtzuerhalten, brauchte er große Mengen Alkohol und Drogen. Der wahre Yves suchte nach Einsamkeit. Er hatte Angst vor Events, bei denen ihn Menschen tumultartig umgaben. Er war das genaue Gegenteil des publikumsliebenden Lagerfeld. Karl war ein *people's man* und verstand es trotzdem, sich abzugrenzen. Lagerfeld, der Mann mit Colaflasche, Sonnenbrille und trockenem Sarkasmus, war jeder Art von Öffentlichkeit gewachsen.

Was den beruflichen Erfolg betraf, fehlte Yves ebenfalls Karls Selbstvertrauen. »Sie haben mich zum König gekrönt«, sagte er. »Aber Könige landen auf der Guillotine.« Er war berüchtigt dafür, seine Unsicherheit in Tyrannei umzumünzen, ein betrunkener Despot, der Aschenbecher nach seinen Mitarbeitern warf. Seine depressiven Schübe wurden immer häufiger, sein Drogenmissbrauch eskalierte. Er sah elend aus und hatte Schwierigkeiten beim Gehen. Das ständige Medieninteresse zwang Pierre Bergé, Dementis zu veröffentlichen, wonach Yves *nicht* an der geheimnisvollen neuen Krankheit litt.

Yves überließ das Geschäftliche Pierre und zog sich in seine Villa in Marrakesch zurück oder auf das Normannenschloss Gabriel, dessen Räume er nach den Figuren aus Prousts *Auf der Suche nach der verlorenen Zeit* gestaltet hatte. Viele Jahre nach der Begegnung mit Madame Fatima durchlebte Yves Saint Laurent deren Prophezeiung, ohne sich dessen bewusst zu sein.

GRAND-CHAMP, BRETAGNE, 1980

Karl besaß mittlerweile auch ein Schloss. Dort lebte er nicht das Leben des Eremiten Yves, sondern regierte als Sonnenkönig. Château de Penhouët war ein Sanssouci in Kleinformat. Durch eine Allee fuhr man auf das Schloss zu, das in seiner Kühle eher einem englischen Herrensitz ähnelte als einer bretonischen Adelsburg.

Karl hatte das Haus in schlechtem Zustand übernommen. Die Nebengebäude waren halb zerfallen, die Installationen mittelalterlich, das Haupthaus war feucht und das Dach undicht. Der Park war in einem Maß verwildert, dass sich der Landschaftsgärtner kaum vorstellen konnte, wie man dem tief verwurzelten Gestrüpp beikommen sollte. Karl feuerte ihn und engagierte jemanden aus Paris.

Mit unglaublicher Energie warf er sich in das neue Projekt. Er studierte historische Baupläne, entwarf die Zeichnungen für die Umbauten selbst und engagierte Experten, die mit der Renovierung historischer Gebäude vertraut waren. Karl, bisher ein Sammler von Jugendstilobjekten und Art-déco-Möbeln, arbeitete sich in die Welt des 18. Jahrhunderts ein. Bei Auktionen erstand er Louis-quinze-Möbel, Porzellan, Tapisserien, bronzene Wandkerzenhalter, Gemälde von Fragonard und Champaigne und sogar echte historische Gewänder. Manchmal ließ er sich mit dem Taxi die vierhundertfünfzig Kilometer von Paris zum Schloss fahren, sprach mit Architekten und Handwerkern, machte Anregungen, kritisierte und ermahnte den Landschaftsgärtner, die Rosen müssten bis Mitte Mai in Blüte stehen, weil Lagerfeld dann Gäste erwarte. Darauf stieg er in das Taxi und fuhr zurück.

Nachdem er der Kommune Grand-Champ fünfzigtausend Francs zur Errichtung einer Gemeindebibliothek gespendet hatte, stellten die behördlichen Genehmigungen für Lagerfelds gewagte Umbauten kein Problem mehr dar. Die Maurer, Klempner, Dachdecker und Stuckateure beschenkte er zu deren Erstaunen mit *Chloé*-Parfum.

Château de Penhouët erwachte aus seinem Dornröschenschlaf. Als es an die Innendekoration ging, erlaubte Karl der *Vogue*-Journalistin Anna Piaggi, ihm behilflich zu sein. Mit einem britischen Millionär verheiratet, durchforschte sie die Antiquitätenläden Londons und kaufte ganze Container mit Möbeln und historischem Krimskrams zusammen. Die Ladungen wurden per Schiff über den Ärmelkanal transportiert. Karl ließ Seidentapeten nach historischen Mustern weben. Bei der gigantischen Quadratmeterzahl kosteten sie ein Vermögen, dessen Höhe er nicht einmal seinem Prokuristen verriet und aus privater Tasche bezahlte.

Nach dem Einzug, der nie offiziell gefeiert wurde, sahen die erstaunten Bewohner des bretonischen Dorfes Menschen in weißen Anzügen und mit Panamahüten durch den Park flanieren. Bei anderen Gelegenheiten saßen die Gäste in Louis-quinze-Kostümen auf der Terrasse und tranken heiße Schokolade.

Doch wie so oft bei Karl: Das Fertige interessierte ihn nicht mehr. Er besuchte sein Schloss von nun an seltener; ein Pariser Projekt forderte seine Aufmerksamkeit. Die achtzigjährige Comtesse de Compiègne, ältester französischer Hochadel, vermachte ihm aus heiterem Himmel ihr Stadtpalais in der Rue de l'Université. Erneut begann Karl, Möbel und Accessoires zu sammeln, Stoffe zu entwerfen, Wandteppiche weben zu lassen. Nach seiner jahrelangen Begeisterung für das Art déco verlagerte er sein Interesse nun auf den Bauhaus-Stil. Die goldverzierte Kassettendecke des Palais bot den richtigen Kontrast zu den nüchternen Bauhaus-Linien. Quadrate und Rechtecke standen im Spannungsverhältnis zu Rundbogenfenstern.

Als Karl mit dem Schloss in der Bretagne nichts mehr anzufangen wusste, ließ er seine Mutter Elisabeth dort einziehen. Nach dem Tod Otto Lagerfelds sollte sie das Leben einer Königinmutter auf Château de Penhouët genießen. Und Elisabeth verstand es zu residieren. Sie behielt diesen Wohnsitz auch nach ihrem Schlaganfall. Falls Karl Gäste auf das Schloss mitbrachte, ließ sich die hinfällige Elisabeth allerdings nicht mehr blicken.

Am Morgen ihres Todes bestellte sie den Friseur aufs Schloss. Karl erfuhr von ihrem Ableben während einer Anprobe in Mönchengladbach. Seiner Assistentin, die ihm die Nachricht überbrachte, schrieb er einen Zettel: Wir machen hier weiter. Niemand soll das erfahren.

Die Assistentin bot an, ihn am nächsten Tag in die Bretagne zu begleiten.

»Ich fahre nicht hin.«

»Es ist Ihre Mutter, Monsieur.«

»Meine Mutter wünscht, ihrem Schöpfer unter ihren eigenen Bedingungen gegenüberzutreten. Sie hat verfügt, niemand, nicht einmal ihr Sohn, dürfe zu ihrer Bestattung kommen. Sie verbittet sich, dass irgendjemand sie tot sehen soll.«

Wie schon seinen Vater Jahre zuvor begleitete Karl auch seine Mutter nicht auf ihrem letzten Weg.

KAPITEL 14

PARIS, 1982

Sie hielt den Telefonhörer dicht ans Ohr und sprach leise, da Karl gerade an ihr vorbeiging. »Hallo, Atelier? Hier ist Christine vom Empfang. Monsieur Lagerfeld ist soeben eingetroffen.«

»Danke, Christine. Bei uns ist alles vorbereitet«, antwortete die Assistentin aus dem Defileezimmer.

Christine wählte eine andere Nebenstelle. »Hallo, Schneiderei? Hier ist Christine vom Empfang. Monsieur Lagerfeld ist gerade gekommen.«

»Danke, Christine«, sagte Martine und scheuchte die Mannequins zum Fahrstuhl. Ihr Job in der neuen Firma war derselbe, doch Martine machte die Erfahrung, dass bei *Chanel* alles langwieriger und umständlicher ablief als bei Chloé.

Für Karl hatte es sich von selbst verstanden, Martine

mitzunehmen. Da er sie unmittelbar als Gewandmeisterin inthronisierte, musste eine altgediente Chanel-Mitarbeiterin weichen. Martine fürchtete böses Blut und den Widerstand der Näherinnen.

»Böses Blut ist gut«, beschwichtigte Karl sie an Martines erstem Arbeitstag. »Ich mache klar, dass jetzt nicht mehr diskutiert, sondern gearbeitet wird.«

»Damit der Neuanfang funktioniert, brauchen Sie das Chanel-Team auf Ihrer Seite.«

Karl bat sie, Platz zu nehmen, und schenkte Martine ein Glas Chablis ein. »Als ich zugestimmt habe, die Firma zu übernehmen, sagte mir der Besitzer: Das ist ein grauenhafter Laden. Versuchen Sie, etwas daraus zu machen. Sie können schalten und walten, wie es Ihnen passt. Kümmern Sie sich nicht um die Parfums, nur um die Mode. Wenn das klappt, soll es mir recht sein, wenn nicht, verkaufe ich das Ding wieder.«

Martine trank einen Schluck. »Das mag für die Führungsetage stimmen, trotzdem kann ich ohne gute Näherinnen nichts machen.«

»Darf ich Ihnen eine Geschichte erzählen?«

»Haben wir denn Zeit dafür?«

»Für lehrreiche Geschichten muss man sich Zeit nehmen.« Er nippte an seiner Cola. »Zu Beginn des Ersten Weltkriegs hatte Mademoiselle Chanel beschlossen, neben dem Stammhaus in Paris und der Filiale in Deauville ein weiteres Modehaus in Biarritz zu eröffnen. Die meisten großen Designer hatten dort Niederlassungen, da die Hautevolee, Krieg hin oder her, auch in den Ferien nicht aufs Shoppen verzichten wollte. Aber noch nie hatte sich eine Modeschöpferin mit solchem Pomp in dem Badeort niedergelassen. Das war kein Geschäft mehr, was Coco Chanel dort aufzog, es war ein Tempel. Sie mietete eine Villa und füllte sämtliche Stockwerke mit ihren Kreationen.« Versonnen drehte Karl die Ringe an seinen Fingern. »Als professionelle Schneiderin fragst du dich wahrscheinlich: Wie konnte sie in kurzer Zeit so viele unterschiedliche Kleider für ihren Modetempel zaubern? Verfügte Coco über gute Geister oder übernatürliche Kräfte?«

»Wie hat sie das gemacht?«

»Sie hat vom Krieg gelernt. Wer eine Schlacht schlagen will, braucht eine Armee. Sie wusste, gute Näherinnen findet man nicht in Biarritz. Coco musste ihre Armee in Paris rekrutieren. Damals war sie noch mit Boy, ihrem Liebhaber, zusammen, der kurz darauf bei einem Autounfall gestorben ist. Sie ließ ihn in Biarritz zurück und fuhr nach Paris.«

Karl sah sich in dem Raum um, den er selbst erst vor Kurzem bezogen hatte. »Wo wir jetzt sitzen, Martine, hat Coco ihre Armee angeworben. Die Näherinnen für Biarritz sollten von den Pariser Meisterinnen lernen. Es herrschte Frauenüberschuss. Die Männer waren tot oder lagen in den Schützengräben. Die Frauen waren allein. Die meisten konnten ein bisschen nähen und brauchten Geld. Sie brauchten vor allem eine Beschäftigung. Coco hat diese Frauen zu Hunderten eingeladen. Sie mussten zeigen, was sie konnten. Die Prüfungen haben tage-, ja, wochenlang gedauert. Coco traf die gesamte Auswahl persönlich.«

Martine trank aus. »Und weiter?«

»Der Winter 1915 war der grausamste aller Kriegswinter. Die Armee hatte höhere Verluste durch Kältetod als auf den Schlachtfeldern. Mademoiselle Chanel stellte das größte Heer an Schneiderinnen auf, das Frankreich je gesehen hat, und sie packte all diese Frauen in einen Zug an die Atlantikküste. Die Damen staunten nicht schlecht, als sie das Schloss betraten, in dem sie arbeiten sollten. Die Chanel-Villa liegt auf dem Weg zum Strand, gegenüber vom Spielcasino. Das Haus hat einen Turm zur Straße hin und einen Innenhof. Diesen paradiesischen Ort füllte Coco mit ihren Arbeitsbienen, die froh waren, der Tristesse des Krieges entkommen zu sein.« Karl lehnte sich zurück. »Deauville, Paris, Biarritz, damit hat Coco die Eckpfeiler ihres Reiches abgesteckt. Es war ein Imperium, geleitet von einer einzigen Frau, in einer Zeit, als die Welt von Männern regiert wurde. Die schmale Mademoiselle mit dem Kurzhaarschnitt setzte sich gegen die männliche Konkurrenz durch. Selbst Poiret, ihr gefürchteter Widersacher, gab sich geschlagen und kaschierte seine Niederlage, indem er für die Armee Uniformen schneiderte.« Karl lachte.

»Sie verehren Coco Chanel ja«, erwiderte Martine berührt. »Das wusste ich nicht.«

»Natürlich verehre ich sie. Ohne sie gäbe es uns alle nicht. Sie hat den Weg geebnet. Sie hat den Frauen nach Jahrhunderten das Korsett ausgezogen und sie freier atmen lassen. Allein dafür gebührt ihr eine Krone. Damals war sie die Königin von Paris, jetzt sind wir an der Reihe.«

»Wenn Sie nun in ihre Fußstapfen treten, haben Sie dann Respekt vor ihr?«

»Respekt? Sind Sie verrückt? Ich kann diesen Job nur mit absoluter Respektlosigkeit erledigen.« Er sprang auf. »Was der Laden braucht, sind ein paar kräftige Fußtritte, und ich gedenke sie auszuteilen. Deine Vorgängerin hat gerade so einen Fußtritt bekommen. Das war heilsam für die andern. Es wäre tödlich, wenn ich sagen würde: Hommage an die Grand Dame, Cocos Tradition wahren – alles Quatsch! Respektlosigkeit heißt die Überlebensstrategie. Ich prophezeie, ich mache dieses Haus zum größten Luxusunternehmen in Bezug auf Prêt-à-porter Deluxe.«

In Wahrheit war Karls Übernahme als Chefdesigner umstritten. Ein Deutscher sollte ein Pariser Modehaus mit jüdischen Besitzern leiten? Damit kam die Diskussion über Coco Chanel, die mit den Nazis kollaboriert hatte, ebenfalls wieder auf. Doch Karl verweigerte den Kniefall vor Coco Chanel. Als einziges Zeichen seiner Verehrung entwarf er mit ein paar Strichen eine großformatige Karikatur von ihr, Tusche auf weißer Leinwand. Der breite, lachende Mund mit den vielen Zähnen, die kräftige Nase, der schwarze Lidstrich, mehr brauchte es nicht, um sie zu charakterisieren. Das Bild hing im Zentrum des Defileezimmers.

Christine von der Rezeption rief noch drei weitere Abteilungen an. »Hallo? Hier ist Christine vom Empfang. Monsieur Lagerfeld ist gerade eingetroffen.«

Währenddessen näherte sich Karl im weißen Anzug, seine Aktentasche unterm Arm, dem Atelier. Die Spannung im Haus stieg. Die Elektrizität war so greifbar, als stünde ein Gewitter bevor.

Nur Martine freute sich. »Mein süßer Karl ist da«, sang sie im Ton eines Kinderliedes.

Einige Näherinnen sahen sie irritiert an, andere hatten begriffen, dass zwischen dem Schöpfer und seiner Bienenkönigin eine besondere Liebesbeziehung bestand. Martine lief die Treppe hoch und betrat den Ankleideraum neben dem Defileezimmer, zu dem nur Frauen Zutritt hatten. Frauen und Karl.

Küsschen rechts, Küsschen links. *»Bonjour, Martine, ça va?«*

»Fangen wir mit dem weißen an, Monsieur?«

»Ist mir recht.« Er ging nach drüben, ihm wurde ein Glas Cola gereicht.

In einem Kleid im Schäferinnenstil des 18. Jahrhunderts machte sich das Mannequin für ihren Auftritt bereit. Martine steckte rasch noch eine Naht ab. »Habe ich dich gepiekst?«

Das Mädchen schüttelte nervös den Kopf. Wenn Karl ein Modell nicht gefiel, gab er die Schuld manchmal dem Mannequin und engagierte es nicht mehr.

»Raus mit dir.«

Das Model betrat das Defileezimmer, lief eine Diagonale, drehte auf den Hacken um und paradierte an Karl vorbei. Sie hatte Mühe mit den überlangen rüschenbesetzten Ärmeln.

»Du weißt nicht, wohin mit deinen Händen?«, rief Karl. »Steck sie in die Taschen, dazu sind sie da.«

Das Mannequin starrte Karl an wie das Kaninchen die Boa constrictor.

Er winkte Martine näher. »Die Taschen sitzen zu weit vorn. Die müssen auf die Seite. Und es ist zu lang«, entschied er. »Ich diskutiere nicht über den Überrock, der Unterrock ist zu lang.«

»Wie viel?« Martine bückte sich.

»Ein Zentimeter. Nein. Ein halber. Und die Schultern sind zu breit. Man hat das Gefühl, da ist der Kleiderbügel noch drin.«

»Ich korrigiere das.« Martine notierte. »Bonjour, Monsieur Massaron.«

Der Schuster betrat das Studio. »Ich habe die Modelle mitgebracht.« Er nahm ein Paar zweifarbiger Schuhe aus der Tasche und zeigte sie Karl.

Der trat einen Schritt zurück. »Ich kann das nur sehen, wenn der Schuh an ihrem Fuß ist.«

Die Assistentin machte sich daran, dem Mannequin die Schuhe anzuziehen.

Sie zuckte zusammen. »Uuuuh ...«

»Was ist?«, fragte Karl ungeduldig.

Martine untersuchte den Schuh. »Da ist ein Nagel drin.«

»Tut mir leid.« Monsieur Massaron zückte seine Zange und knipste den Nagel ab. »Ich hatte wenig Zeit ...«

»Lasst uns weitermachen«, knurrte Karl.

Vorsichtig versuchte das Model die ersten Schritte in den Schuhen.

»Die Kappe des Schuhs muss kürzer werden. Können Sie das kürzen, Monsieur Massaron?«

»Kürzen kann man immer.« Der Schuster nahm die Schuhe mit nach nebenan.

Martine folgte ihm. »Schaffen Sie das bis zum Nachmittag?«

»Ich bin daran gewöhnt, dass ich bei einer neuen Kollektion fünfmal am Tag zu euch rüberkomme.«

Seit fünfzig Jahren lief Meister Massaron zwischen der Rue de la Paix und der Rue Cambon hin und her. Er war der älteste aktive Mitarbeiter des Hauses und hatte Coco Chanel noch gut gekannt.

Karl bat ihn noch einmal zu sich. »Haben Sie Zeit, einen neuen Absatz zu machen?«

»Sind Sie am Nachmittag noch hier? Ich könnte den geänderten Schuh dann rüberbringen.«

Karl griff zum Filzstift und entwarf einen schmalen Absatz. »So«, murmelte er. »So, ja. Das ist nicht schlecht, oder?« Wie ein Schüler, der gelobt werden wollte, blickte Karl hoch. »Das können wir mit Diamanten besetzen oder mit Strass.« Er riss die Skizze vom Block und gab sie dem Schuster.

»Merci, Monsieur.«

Kaum hatte der Schuster den Raum verlassen, lief Karl ins Stofflager. »Kommt mal jemand mit?«

Drei Assistentinnen hefteten sich an seine Fersen. Er trat vor die fünf Meter hohen Regale mit Stoffballen. Die Assistentinnen umdrängten ihn.

»Nicht so dicht, ihr nehmt mir ja das Licht.« Er zeigte auf einen Ballen in luftiger Höhe. »Den will ich.«

Die Assistentin, die die Leiter heranfuhr, trug einen Minirock. Sie nahm die ersten Sprossen, begriff, dass man ihr unter den Rock gucken konnte, und wandte sich an die Kollegin, die Jeans trug. »Könntest du …?«

Sie tauschten die Plätze.

Karl schmunzelte, kommentierte die Szene aber nicht. Ein Stück eines Wollstoffs mit Pfeffer-und-Salz-Musterung wurde ihm gebracht.

»Bisschen schlabberig, aber lasst mich mal sehen.« Als er an dem Ballen zog, fiel ihm der gesamte Regalinhalt entgegen. Hektische Hände befreiten ihn von der Lawine.

»Der Stoff ist nicht schlecht. Da machen wir was Schlabberiges daraus.«

Sie kehrten ins Atelier zurück. Auf Karls Tisch türmten sich an die zwanzig Stoffe. Jedes Mal, wenn er einen hochgezogen und damit gewedelt hatte, um seinen Fall zu prüfen, klimperte er hinterher mit den Ringen. Er griff zum Stift. Normalerweise wurde für einen fertigen Entwurf das richtige Material gesucht. Doch dieser Stoff inspirierte Karl, etwas Passendes für das Material zu zeichnen.

Und es ging immer weiter.

Er wollte Pelze. Martine ließ Pelze bringen.

Sie streckte sich. Ihr Rücken tat weh. Karl hatte das Haus um neun Uhr morgens betreten, inzwischen ging es auf fünf zu.

Karl wollte Tüll. Man brachte ihm schwarzen Tüll.

Er wollte weißen und klimperte mit den Ringen wie eine Klapperschlange mit ihrer Rassel, bevor sie zubiss.

Ein Stoff wurde beiseitegeworfen.

Ein anderer Stoff wurde hervorgeholt.

»Gefällt dir das, Virginie?«, fragte Karl unvermittelt das Nesthäkchen unter den Näherinnen und wählte den Stoff nur, weil er dem Nesthäkchen gefiel.

Und es ging immer weiter.

»Das ist nicht schlecht«, lautete Karls Ausdruck größter Zustimmung. »So etwas Grauenhaftes«, war sein geringster Tadel. Er legte einen schwarzen Ozelotkragen um den Hals des Models mit den ängstlichen Augen. Sie konnte sich kaum noch auf den Beinen halten. Karl dagegen zeigte niemals Müdigkeit.

»Das ist ein sehr schönes Beige«, sagte Martine.

»Grauenhaft. Das Beige ist grauenhaft.«

Ein weiteres Kleid wurde ihm vorgeführt.

»Das ist Chanel!«, rief Karl beinahe salbungsvoll. »Mehr Chanel als das geht nicht.« Er klatschte in die Hände, nahm seine Tasche und verließ das Haus in der Rue Cambon. Es war Mitternacht. Das Aufatmen innerhalb der Firma hörte er nicht mehr.

KAPITEL 15

PARIS, 1983

Vier Tage bevor die neue Haute-Couture-Kollektion fertig sein musste, herrschte in den Werkstätten hektische Erschöpfung. Martine und ihre Kolleginnen saßen wieder einmal auf dem Boden unter dem Stickrahmen. Alle, die die Nacht über bleiben mussten, hielten sich dort am liebsten auf. Es war ihre Höhle, in der sie sich vor Karl sicher fühlten. Ein Ort der Ruhe, der Geborgenheit. Sie brauchten diesen Ort, sonst wären sie entweder wahnsinnig geworden, hätten gekündigt oder Monsieur Karl ermordet. Es war eine Ehre, für Lagerfeld zu arbeiten, aber man fiel damit einem Tyrannen in die Hände.

Diese Frauen waren die Besten ihrer Zunft, die Klöpplerin, die Bortenmeisterin, die Stickerinnen, die Hutmacherin, die Modistin, die Handschuhmacherin – und als Bindeglied für alle, als Geländer, an dem sie sich festhalten konnten: Madame Martine. Eine erfahrene Kollegin, der nicht der kleinste Fehler entging. Und sie war die Einzige, auf die *Gottes Gefäß*, das Genie Karl, hörte.

Ohne Martine hätte die Traumfabrik Chanel nicht in dem Tempo funktioniert, das Karl vorgab. Über Martine rangierte nur noch Coco, die Schutzheilige, die Mutter der modernen Mode, die selbst nie Mutter gewesen war, Coco, das Biest, wie Karl sie nannte, die *Bitch*, die Geschäftsfrau, von der er behauptete, sie sei über Leichen gegangen. Keine hätte das Strippenziehen so gut beherrscht wie sie, keine die Bedeutenden und Einflussreichen so erfolgreich um sich geschart wie Coco, charmant und sexy, wenn es ihren Zwecken diente, unerbittlich, wenn ihr Wille anders nicht durchzusetzen war.

Der Stickrahmen war größer als jeder andere in ganz Frankreich: sieben Meter lang und zwei Meter breit. Es brauchte diese Ausmaße, wenn der Hochzeitsschleier für das Brautkleid bestickt werden sollte. Die Aufgabe bedeutete wochenlange Arbeit. Um vier Uhr morgens ruhte der Betrieb für eine halbe Stunde. Die Frauen holten Brote, Tupperdosen mit Salat und Nudeln hervor, sie tranken Wasser oder starken Kaffee, manche hatten einen Flachmann dabei. Jedes Mittel war erlaubt, um durchzuhalten.

Karl selbst schien keinen Schlaf zu brauchen und kannte offenbar das Geheimnis, nie müde oder verschwitzt auszusehen. Er trug stets einen Maßanzug, setzte die Sonnenbrille nie ab und war meistens dort zur Stelle, wo man ihn nicht vermutete. Er leistete selbst, was er auch den Damen abverlangte. Solange der König die Strapazen ebenfalls erduldete, hatte seine Gefolgschaft den Ehrgeiz, nicht schlapp zu machen.

»Erzähl uns von Boy«, bat eine junge Stickerin.

»Lasst mich doch in Ruhe meine Makkaroni essen.« Martine spießte eine lange Nudel auf und wirbelte sie um die Gabel herum.

»Vorsicht, der Tüll«, warnte die Stickerin, als die fette Makkaroni dem feinen Gespinst nahe kam.

»Mademoiselle Chanels Geliebter muss ein süßer Bursche gewesen sein«, sagte Martine, als ihre Tupperdose leer war. »Ich habe Bilder von ihm gesehen. Ein Engländer mit dunklem Haar und Augen …« Sie überlegte. »Seine Augen strahlten wie die eines Kindes, das die Welt nicht verstehen wollte. Das hat den Charme von Arthur Capel ausgemacht, den deshalb alle *Boy* nannten.«

»Wie haben sie sich kennengelernt?«

»Ich glaube, Boy hat der jungen Coco ein Werk von Proudhon zu lesen gegeben: *Die Philosophie des Elends.*«

»Wer ist Proudhon?«

»Ein Philosoph. Ich kenne nur seinen berühmtesten Satz: Eigentum ist Diebstahl.«

»Das hat Marx gesagt«, murmelte die Handschuhmacherin, die in der Ecke döste.

»Marx hat es zitiert«, nickte Martine. »Durch ihn wurde es berühmt, aber der Satz ist von Proudhon. Bis zu diesem Tag hatte Coco nur billige Romane gelesen, Schund und Kitsch. Sie wusste nicht, was sie mit ihrem Leben anfangen sollte. Boy war ein Feingeist, ein Poet, gebildet, oft ein wenig traurig.«

»Woher weißt du das alles?« Die Stickerin faltete ihr Butterbrotpapier zusammen.

»Bevor ich hier anfing, habe ich ein Buch über Mademoiselle Chanel gelesen. Leider hat Boy ihren weltweiten Erfolg nicht mehr erlebt.«

»Die große Liebe«, seufzte die Stickerin. »Wieso muss sie oft so traurig enden?«

»Damit rührende Bücher darüber geschrieben werden.« Martine blickte zu dem fein gesponnenen Dach empor, das sich über ihnen wölbte: die Spitze für den Brautschleier, die Spitze für Monsieur Karl. Wie würde es mit *seiner* großen Liebe weitergehen?, dachte sie. Denn das war Jacques de Bascher, da gab es keinen Zweifel.

Martine hielt Jacques für keinen besonderen Menschen, doch sie würde sich eher die Zunge abbeißen, als Karl das zu sagen. Er wusste wahrscheinlich selbst, dass dieser Mann, objektiv betrachtet, durchschnittlich war. Doch Jacques machte Karl glücklich; das sah man, sobald Jacques in der Nähe war. Martine gönnte Karl seine große Liebe, aber konnte man mit einem Mann wie Jacques de Bascher alt werden? Selbst zwanzig Jahre Altersunterschied verspielten sich irgendwann. Karl, die Ikone, veränderte sich kaum noch. Jacques dagegen wurde erkennbar älter.

Die Tür flog auf. Ein kalter Luftzug wehte durch das Atelier. »Hört mich denn keiner?«, fragte Karl. Im dunkelblauen Anzug wirkte er auch um halb fünf Uhr morgens wie aus dem Ei gepellt. »Seid ihr alle verrückt geworden?«

Wie an einer Schnur gezogen, gingen sämtliche Köpfe hoch.

»Guten Morgen, Karl«, sagte Martine. »Was ist denn?«

»Ich klingle und klingle.«

»Aha?«

»Ich klingle und klingle und klingle, aber niemand kommt!«

»Entschuldigen Sie, Karl.« Martine stand auf. Vom langen Sitzen tat ihr alles weh. »Nachts stellen wir die Klingel ab.«

»Es ist aber nicht mehr Nacht! Es ist heller Tag.« Er schob die Sonnenbrille hoch. »Heller, blendender Tag, und ich klingle und klingle.«

Martine aktivierte die Klingelanlage und warf zugleich einen sehnsuchtsvollen Blick auf die Kaffeemaschine. »Warum haben Sie nicht angerufen?«

»Weil ich … Ich mag das nicht.«

»Entschuldigen Sie, natürlich.«

Karl ließ seine Assistentinnen für sich telefonieren, aber von denen war um diese Zeit noch keine im Haus.

»Was können wir für Sie tun, Karl?«, fragte Martine.

»Die Modelle natürlich. Ich warte und warte da oben auf die Modelle, ich klingle und klingle, aber nichts passiert.« Er sah vollkommen verzweifelt aus.

»Sollen wir sie Ihnen raufbringen?«

»Jetzt bin ich schon mal unten. Zeigt sie mir gleich hier.«

Martine hatte nicht gewusst, dass man so abartig müde sein konnte, aber an Kaffee war nun nicht mehr zu denken. Der Gottgesandte wollte die Modelle sehen. Sie wies die anderen an, die Kleiderpuppen in Position zu bringen.

»Spätestens morgen bringe ich ihn um«, flüsterte sie währenddessen.

»Vorsicht, er kann dich hören«, warnte die Handschuhmacherin.

Karl inspizierte ein Kleid aus Organza und tat, als höre er Martines Verwünschungen nicht. »Das ist hübsch«, urteilte er. »Aber wir müssen die Taille tiefer setzen.«

»Tiefer?« Martine ließ einen aggressiven Seufzer hören. »Höher kann ich die Taille setzen. Wenn ich sie tiefer setzen soll, muss ich alles neu machen.«

»Das ist bedauerlich, aber diese Taille muss tiefer. Das sieht jeder vernünftige Mensch.«

»Hier drin ist kein einziger vernünftiger Mensch«, zischte Martine.

»Wollen wir uns wieder beruhigen?«, entgegnete Karl. »Die Taille muss tiefer. So viel Arbeit ist das nicht.«

»Dann machen Sie es doch selbst!« Martine stand vor einer Explosion.

Karl ließ das unkommentiert. »Cécile, kommen Sie mal her.« Das war sein alterprobter Trick: Wenn er Martine argumentativ zu verlieren drohte, nahm er sich eine andere Näherin vor.

»Ja, Monsieur?« Cécile bemühte sich, nicht in Martines vernichtenden Blick zu geraten.

»Ich meine diese Naht.« Karl legte Hand an ein anderes Modell, ein Blouson aus changierender Wolle. »Ich will nicht, dass sie so hoch verläuft. Warten Sie, ich zeige es Ihnen.«

Cécile hatte verstanden und hätte das Blouson sofort ändern können. Aber Karl wollte es ihr zeigen.

»Danke, Monsieur.« Sie mimte höchste Aufmerksamkeit.

»Hier die Naht, siehst du? Ich möchte nicht, dass sie

bis zum Revers verläuft.« Karl schob eine Stecknadel in den Stoff.

»Danke, dass Sie sich die Zeit genommen haben, Monsieur«, erwiderte die geduldige Cécile.

Aus dem hinteren Teil des Ateliers war Martines gutturales Grunzen zu hören, ihr Kommentar zur gönnerhaften Tyrannei, die Karl ausübte. Hier unten bestimmte sie und sonst niemand! Selbst Karl musste das akzeptieren, sofern er in vier Tagen Perfektion auf dem Laufsteg sehen wollte.

KAPITEL 16

PARIS, VIER TAGE SPÄTER

Sie saßen alle beisammen, manche auf dem Boden, denn in Karls Büro gab es nicht genügend Sitzgelegenheiten. Alle waren betrunken vom Champagner; nur Karl hatte eine Tasse Kamillentee vor sich. Martine hatte gebangt, ob alles funktionieren würde, doch Karl war die Zuversicht in Person gewesen. »Bei dem, was wir geleistet haben, gibt es keine andere Möglichkeit als einen Erfolg.«

Das Defilee war bejubelt worden. Die Marke Chanel stand immer noch für höchste Qualität. Wäre bloß die Hektik nicht gewesen, der Druck, Karls Sprunghaftigkeit, die jeder und jede im Team ertrug, aber mit Magengeschwüren büßte oder dem Griff zur Flasche.

Anders als geplant, hatte die Präsentation auf der Seine stattgefunden. Niemand traute sich, es zu sagen, doch es war Karls Schuld. Er hatte zu lange damit gewartet, sich den Veranstaltungsort persönlich anzusehen.

Zu dritt waren Karls Assistentinnen in alle Pariser Himmelsrichtungen ausgeschwärmt, mit seinen Wünschen im Gepäck: Die Location sollte etwas Verkommenes und Verlebtes ausstrahlen und zugleich ein Ort mit Charakter sein. Schließlich glaubten sie, das Richtige gefunden zu haben: eine verlassene Industriehalle. Dort war es klamm, schmutzig und roch seltsam. Diese Umgebung wäre wie ein morbider Antagonismus zu den Modellen, besonders zu dem Brautkleid mit der sechs Meter langen Schleppe.

Karl ließ sich von einem Freund im Porsche dorthin bringen. »Es ist verdammt kompliziert, hierher zu kommen«, sagte er beim Aussteigen. »Wie sollen die Leute das finden?« Küsschen links, Küsschen rechts für seine Lieblingsassistentin. Die anderen mussten mit einem Nicken vorliebnehmen.

Gerade wollte man hineingehen, als Karl hektisch mit den Händen herumzufuchteln begann. »Meine Tasche! Ich brauche meine Tasche! Die ist noch im Auto!«

Assistentin Nummer drei rannte dem davonflitzenden Porsche hinterher. An der nächsten Ampel holte sie ihn ein und klopfte an die Scheibe. Als sie zu den anderen zurückkehrte, hinkte sie.

»Was ist denn?« Karl nahm die Tasche entgegen.

»Ich bin beim Laufen umgeknickt«, antwortete sie mit schmerzverzerrtem Lächeln.

Gefolgt von seiner Entourage, marschierte Karl hinein. Im Entree wirkte er noch angetan, doch kaum betraten sie den Industriesaal, in dem das eigentliche Event stattfinden sollte, fasste er sich mit beiden Händen ins Kreuz. Die Hände an der Wirbelsäule waren der unübersehbare Hinweis dafür, dass er es furchtbar fand.

»Das verstehe ich nicht.« Mit vorsichtigen Schritten lief er weiter und blieb schließlich stehen. »Das geht über meine Fähigkeit, etwas zu begreifen. Das ist das Scheußlichste, was ich je gesehen habe. Es ist noch viel scheußlicher, als ich mit Worten beschreiben kann. Wie seid ihr denn auf diese grauenhafte Idee gekommen?«

Assistentin Nummer eins und zwei warfen reflexhaft Blicke zur hinkenden Nummer drei, die in diesem Moment eines mit Sicherheit wusste: Das war ihre letzte Arbeit für Lagerfeld. Sie konnte sich genauso gut jetzt schon um einen neuen Job umsehen.

»Das geht nicht«, wiederholte er. »Ganz und gar nicht. Darüber brauchen wir keine Silbe mehr zu verlieren.«

Die Location war gestorben. Das bedeutete einen finanziellen Verlust in beachtlicher Höhe. Die Pariser Elektrizitätswerke hatten zusätzliche Stromleitungen verlegt. Hunderttausende Volt wären für Chanel verfügbar gewesen. Die Lightdesign-Firma und die Audiofirma hatten Metallgerüste errichtet, um Scheinwerfer, Lautsprecher und Equipment zu installieren. Fünfzehn Meter hohe Seidenvorhänge trennten die Bereiche voneinander, sie wehten umsonst im Durchzug. Sämtliche Einladungen sollten verbrannt oder geschreddert werden. Das ganze Unternehmen musste von vorn beginnen.

Man hatte allerdings keine Zeit, um von vorn zu beginnen, es blieben nur zwei lächerliche Tage. Für die Rückfahrt ins Atelier bestieg Karl den Firmenbus, in dem alle anderen zur Industriehalle gekarrt worden waren. Im Bus hielt er eine Krisensitzung ab.

»Jetzt lasst uns mal nicht die Nerven verlieren. Wir sind schon mit ganz anderen Problemen fertiggeworden.« Als er um Vorschläge bat, blieb es in den Reihen still.

Der Bus fuhr den Quai des Grands Augustins an der Seine entlang. Plötzlich hob Karl die Hand.

»Halt!«, rief er dem Fahrer zu.

Der Bus bremste so hart, dass es fast zu einem Auffahrunfall kam.

»Dort«, sagte Karl.

Keiner verstand ihn.

»Seht ihr das nicht?«

Da sich ihre verwirrten Gesichter nicht erhellten, ließ Karl die Tür öffnen und zeigte auf den Fluss, wo ein Ausflugsboot vorbeiglitt. Ob die Touristen den Mann mit der

Sonnenbrille erkannten, war nicht festzustellen, jedenfalls winkten sie. Karl winkte zurück.

»Seht ihr?«, rief er seiner Crew zu. »Der Fluss stimmt die Menschen friedlich. Die Seine stimmt die Menschen freundlich. Wir verlegen die ganze Sache auf die Seine.«

Die verbliebenen zwei Assistentinnen machten das größte Vergnügungsschiff ausfindig, das man chartern konnte, und buchten es zum festgelegten Termin. Sie ließen sich meteorologisch versichern, dass an diesem Tag kein Regen zu erwarten sei. Sie führten Hunderte Telefonate, um den Persönlichkeiten, auf die es ankam, die Planänderung mit dem Ausdruck des Bedauerns mitzuteilen. Die meisten fanden die neue Idee amüsant.

Am Tag der Premiere startete die Fashionreise an der Île Saint-Louis, wo die geladenen Gäste ihre Plätze auf den unterschiedlichen Decks einnahmen. Die Fahrt sollte an Notre-Dame vorbeiführen, unter dem Pont Neuf hindurch, vorbei am Louvre, den Tuileries und der Place de la Concorde, bevor sie am Eiffelturm enden würde. Die Prêt-à-porter-Modelle hätten keinen prächtigeren Hintergrund finden können.

Die Mannequins mussten ihre Laufwege und Posen neu einstudieren. Hier gab es nicht nur einen Laufsteg, sondern mehrere. Sie absolvierten einen Hindernislauf an Bord, vom Heck zum Bug, über Treppen, auf verwinkelten Wegen und sollten dabei so lässig und souverän wirken, als sei alles wochenlang geprobt worden.

Sorgen machte Martine das Brautkleid mit der Schleppe. Eine einzige scharfe Kante, ein Schlitz in der Beplankung, und das Mannequin würde etwas zerreißen. Karl wusste eine Lösung. Er stellte der Braut einen Pagen zur Seite, der im entsprechenden Kostüm hinter ihr herlief und dafür sorgte, dass der Schleier überall mühelos hindurchglitt.

Martine war überzeugt gewesen, das Brautkleid würde die größte Wirkung erzielen, doch der wahre Höhepunkt beim Defilee war einem Irrtum zuzuschreiben. Mannequin Nummer sechs sollte ein weißes Musselinkleid mit Ornamenten tragen, gefolgt von Nummer sieben in einem schwarzen Musselinkleid.

Eine Stunde bevor die Kollektion auf das Schiff gebracht wurde, konfrontierte Karl seine Gewandmeisterin mit einer neuen Vision. Beide Kleider in der Hand, kam Martine in die Werkstatt zurück. »Also jetzt wird's lustig. Vorhin hat Bernadette das weiße Kleid getragen, Danielle das schwarze. Irgendwas hat ihm daran nicht gefallen. Das langweilt mich, hat er gesagt und verfügt, dass die Kleider nicht nacheinander, sondern übereinander getragen werden sollen.« Die Näherinnen hatten Karls Vision gerade noch rechtzeitig wahr werden lassen.

In der Kapitänskajüte, wo sich die Models umzogen,

passierte dann der Fehler: Bernadette hatte das schwarze Kleid in der Eile verkehrt herum über das weiße gezogen. Die Säume passten nicht aufeinander, aber die Zeit reichte nicht zum Umziehen, sie musste hinaus. Dieses verkehrte Kleid räumte wunderbarerweise den meisten Lorbeer ab, es war der Liebling der Gäste und Kritiker.

Als alles vorbei und der Applaus verklungen war, nachdem sich Karl zusammen mit den Models ein Dutzend Mal verbeugt hatte, fuhr er nicht zur Premierenfeier. Die Prominenz des Pariser Who-is-who wartete umsonst auf den Schöpfer.

Stattdessen kehrte Karl mit den Frauen, die bis zuletzt für ihn geschuftet hatten, in die Rue Cambon zurück, ins Mutterhaus. Dort lud er alle zu Champagner ein. Er selbst trank Kamillentee. Karl verprellte die Society nicht nur aus Liebe zu seiner Crew. Ihm war übel. Der Junge aus der Wasserstadt Hamburg war von dem Geschaukel auf der Seine seekrank geworden und hatte das Ende des Defilees kaum abwarten können. Ob er sich übergeben hatte, behielt er für sich. Jedenfalls war Kamillentee sein Premierengetränk. Er thronte hinter seinem Schreibtisch und blies in die Tasse. In diesem Raum, der sonst von Hektik und blanker Angst erfüllt war, breitete sich eine weiche, warme Stimmung aus. Sie saßen beisammen, waren erschöpft und beschwipst. Karl zeigte auf das schwarz-weiße Gemälde, das Coco in einfachen

Strichen darstellte. Er hob die Tasse zum Toast. »Stoßen wir an auf die Frau, die sich niemals hat unterkriegen lassen!«

»Auf Coco!« Sie ließen die Gläser klingen.

KAPITEL 17

PARIS, WINTER 1989/90

Es waren die dunkelsten Tage des Jahres, die längsten Nächte, und Karl genoss sie in vollen Zügen. Die Dunkelheit war nicht mehr Fluchtort, sondern eine liebe Freundin, die sich bereits nachmittags einstellte. Das Licht über dem Atrium verblasste gegen drei, um vier umfing ihn die belebende Dämmerung. Er saß am Schreibtisch und las stimmhaft Truman Capote: »Weil es keine Geografie der Liebe gibt, hat sie auch keine Grenzen.«

In den Wochen nach Jacques' Tod hatte Karl solche Sätze in sich aufgesogen. Mittlerweile las er sie als Reminiszenz. Die Zeit der Trauer neigte sich dem Ende zu.

Truman Capote war als einer der Ersten gegangen. Er starb nicht an der Sache, die rund um Karl einen nach dem anderen dahinraffte, Capote erlitt den traurigen Tod eines Alkoholikers. Andy Warhol war ebenfalls nicht an der unentrinnbaren Krankheit gestorben, sondern an den Folgen einer Gallenblasenoperation. Um Karl lichteten sich die Reihen gespenstisch. Die Zeit war aufgehoben. Was gestern noch gegolten hatte, war heute nichtig. Die *Swinging Sixties* waren verpufft, auch die freie Liebe der *Seventies. Love and Peace* verwandelte sich in ihr Gegenteil. Die Liebe war zur tödlichen Gefahr geworden, und der Frieden wich dem Monster der atomaren Abschreckung der bis an die Zähne bewaffneten Machtblöcke. Junge Menschen hatten keinen Glauben mehr, sie verfolgten keine Vision, sie spreizten sich nur noch im Glanz der Discokugeln, rotierende Spiegelplättchen, angestrahlt von einer kalten Sonne.

Die Vision der Achtziger war der Materialismus. Alles wurde dem Kapital untergeordnet. Der in die Jahre gekommene Sozialismus krankte. Margaret Thatcher und Ronald Reagan ließen keinen Zweifel daran, dass denen, die das Geld anbeteten, das Jahrzehnt gehörte. Die anderen mit ihren sündhaften Lastern und dem schwer zu definierenden Geschlecht waren keine Paradiesvögel mehr. Man zeigte Schadenfreude, dass sie zu Totenvögeln der Gesellschaft verkamen, ohne Aussicht auf Umkehr, ihre Reue kam zu spät. Der Tod wurde zum Richter über das Vergnügen, das sie sich zu lange herausgenommen hatten. Die braven Bürger fühlten sich bestätigt: So hatte es ja kommen müssen, Gottes Mühlen mahlten langsam, aber verlässlich.

Karl legte das Buch beiseite und trat im Halbdunkel vor das Bild von Jacques, eines der letzten, das ihn so zeigte, wie er wirklich gewesen war. Er hatte die Krankheit zunächst als Ärgernis angesehen, das er rasch behandeln wollte, um zum wirklichen Leben zurückzukehren. Doch Jacques' Befund war eindeutig und unerbittlich gewesen. Karl brachte ihn zu Ärzten, die dem Patienten trotz grassierender Todeswelle Mut machten. Sie verschrieben Suramin, ein Mittel, das bei Tropenkrankheiten Heilung brachte. Sie verschrieben Ribavirin, denn Jacques hatte nicht nur die Sache, sondern auch Hepatitis C.

Es wurde weiter gestorben, weiter mit Fingern auf den Personenkreis derer gezeigt, die ihre gerechte Strafe erhielten. Karl brachte Jacques ins Hôpital Bichat. Es war schwierig, ihn zu besuchen, ohne die Aufmerksamkeit der Medien zu erregen. Karl kam daher abends und blieb die halbe Nacht. Damals hatte für ihn die Dunkelheit begonnen. In der Finsternis redeten sie über alles, nur über die Krankheit so gut wie nie.

»Als Anwalt hätte ich nicht viel getaugt«, meinte Jacques einmal.

Karl mochte es nicht, wenn der Junge die Zukunft nur noch im Konjunktiv behandelte. »Was würdest du denn lieber sein als Jurist?«

»Parfümeur – ich glaube, das wäre etwas für mich gewesen.«

»Du willst Cremes in Porzellandosen spachteln, Haaröl in Flakons füllen und abends den Laden fegen?«, entgegnete Karl pointiert.

»Nicht diese Art von Parfümeur. Ich möchte Düfte erfinden, ungewöhnliche Geruchseindrücke oder auch …« Sein Blick wanderte zum Fenster. »Vielleicht gelingt es mir, ein Zaubermittel zu kreieren, einen Jugendbalsam, mit dem man die verlorene Zeit zurückbringen kann.«

Gern hätte Karl das Thema gewechselt, doch der kranke Junge entwickelte eine regelrechte Euphorie.

»Ja, ein Jugendbalsam! Man könnte ihn einreiben, inhalieren oder trinken. Für die Mixtur würde ich mich mit Tinkturen und Ölen eindecken: Zistrosenbalsam, den Extrakt der Mimose, Zirbelkiefernöl, Schafgarbe, Tonka, Petitgrain … Ich würde gern experimentieren.«

»Woher kommt diese plötzliche Leidenschaft?« Karl warf einen Blick auf die Bücher neben Jacques' Bett. »Du liest … über Krankheiten?«

»Nein, über Heilmittel. Meine Schwester hat mir das Buch gebracht. Mit natürlichen Mixturen kann man gegen alle möglichen Leiden viel tun, Lymphstau zum Beispiel oder Ulcus cruris, Gürtelrose oder Übelkeit während der Schwangerschaft. Ich habe auch ein Buch über Alchemie hier, siehst du? Der Autor stammt aus

Prag. Prag ist immerhin die Stadt, wo Kabbala und Golem zu Hause sind.« Jacques schmunzelte über Karls skeptisches Schweigen. »Das meiste sind Ammenmärchen, ich weiß, aber manches ist wissenschaftlich belegt.«

Er zog ein drittes Buch heran. »Ich habe über geomantische Punkte gelesen, Orte, an denen Kraftlinien der Erde sich kreuzen. Diese Kraftorte wirken heilsam auf Menschen. Wäre es nicht spannend, so einen Kraftort für mich zu finden?«

Karl saß steif da. Er ertrug Verzweiflung so schlecht. Die Verzweiflung anderer schreckte ihn ab. Jacques' Verzweiflung aber brach ihm das Herz. Er musterte den Jungen hinter dunklen Gläsern. »Du könntest mal unsere Parfumabteilung besuchen«, sagte er in seiner Hilflosigkeit. »Die Rezepturen der Chanel-Parfums sind zwar keine alchemistischen Tinkturen, aber ...«

Jacques nahm Karls Hand mit den Ringen; heute waren es nur zwölf. »Lass gut sein, Karl. Ich hätte es nur schön gefunden, irgendetwas Eigenes zu versuchen. Ich hätte lernen müssen, Karl, viel mehr lernen. Du verstehst das nicht, weil du die ganze Zeit schöpferisch bist.«

Karl presste die Lippen zusammen. »Das mit den Düften und dem Jugendbalsam ist doch möglich.« Er wusste nicht recht, was er da sprach.

»Nein.«

»Wieso? Es ging dir heute besser.«

Jacques ließ sich gegen das Kissen sinken. »Ich rieche nichts mehr, Karl. Ich kann Gerüche nicht mehr voneinander unterscheiden.«

Nach dem Besuch konnte er noch nicht gleich nach Hause gehen. Laufen musste er, zeichnen, tanzen, irgendetwas, in Bewegung sein! Sobald er stehen blieb, zog es ihn an den Abgrund, in den die anderen stürzten. Er selbst fiel ja nicht, er war kerngesund. Immer war Karls stärkster Instinkt der Selbsterhaltungstrieb gewesen. Er hatte in den wilden Jahren rund um Andy Warhol und die anderen nicht mitgemacht. Distanz war sein Schutzpanzer gewesen. Er hatte sich zwar auch in den Sündenpfuhl hineinbegeben, aber selbst nie mitgemacht, er war ein Voyeur geblieben. Er verstand es, sich von keiner Strömung mitreißen zu lassen. Er beobachtete nur und ließ die Exzesse der Zeit in seine Arbeit einfließen. Er fotografierte und zeichnete, und seine einzige Droge hieß *Coca-Cola.* Als Asket stand er mit beiden Beinen auf dem Boden, während die andern in den Rausch davongeflogen waren, aus dem sie nun nacheinander abstürzten.

Karl überlebte, vielleicht als Letzter der Wilden, zu denen er nie gehört hatte, eiskalt und nüchtern, ein Monument der Selbsterhaltung. Auch er hatte Ärzte aufgesucht, um zu prüfen, ob alles so in Ordnung war, wie er sich fühlte. Die Ärzte sagten: »Was ein Mensch in seiner Vergangenheit gemacht hat, kann man nicht wegradieren. Dafür bezahlt er, aber zwanzig Jahre später.«

Mit seinen fast sechzig Jahren rannte Karl aus einem Krankenhaus, in dem seine Liebe mit kaum vierzig im Sterben lag. Karl rannte in den Jardin des Tuileries, den er immer bewundert hatte für seine Gelassenheit, Eleganz und Selbstverständlichkeit. Heute wollte sich Karl darin verlieren wie in einem Dschungel.

Er hätte sich all den früheren Gefährten überlegen fühlen können, so wie er bei Canetti gelesen hatte, dass Menschen am Grab eines Verstorbenen neben Trauer auch das Gefühl des Sieges empfanden, denn sie standen noch aufrecht da, während der andere in der Grube lag.

Den Jugendbalsam, den Jacques erfinden wollte, mit dem man verlorene Zeit zurückholte, gab es nicht. Die Gefährten aus Karls Vergangenheit, die Gehassten und Geliebten, kämpften alle mit den gleichen Problemen. Sie liefen zu Ärzten und flehten um Hilfe: »Wir wollen auch so aussehen wie Lagerfeld, wir wollen so jung sein wie er.« Und die Ärzte sagten: »Das geht nicht.«

Karl hätte triumphieren können, dass er nicht alterte, während die anderen verfielen, doch in dieser Winternacht war ihm das unheimlich. Er wollte nicht länger, dass ihn die Zeit vergaß, die gleiche Zeit, die sich Jacques' täglich wie ein tödlicher Buchhalter bemächtigte und ihm die Krankheit ins Gesicht schrieb. Karl wollte nicht vor Gesundheit strotzen, während Jacques verging, er wollte nicht weiterleben, wenn der Junge starb.

Auf seinem Weg zwischen kahlen Bäumen und windgeschüttelten Sträuchern war Karl drauf und dran, die großen Geschenke freiwillig in die Hände des Schicksals zurückzulegen, denn ewige Jugend machte zum Halbgott und zum halben Menschen. Karl schrie in den menschenleeren Park hinein: »Ich fordere das Ganze! Ich will auch den Rest!«

Aber der Voyeur, der er nun einmal war, machte auch vor dem tobenden Karl nicht halt. Mit Herablassung beobachtete er dessen untypisch dramatisches Gebaren und war froh, dass ihn niemand beobachtet hatte. Sein Verzweiflungsausbruch passte nicht zu ihm selbst. Er blieb, der er war, Karl mit dem bösen Mundwerk, mit der Vielfachbegabung und seiner vermaledeiten hamburgischen Vernunft.

Karl überlebte.

KAPITEL 18

MONACO, FRÜHLING 1990

Diesmal hatte er keine fünfunddreißig Koffer gepackt wie damals für New York, sondern nur eine kleine Tasche. Nach Monaco brauchte er nichts mitzunehmen, dort hatte er voll ausgestattete Ankleideräume. Die Villa *La Vigie* war ihm von Fürst Rainier III. zur Verfügung gestellt worden. Die Freundschaft mit dem Haus Grimaldi ging auf Karls Zeit bei *Chloé* zurück. Fürstin Grazia Patrizia hatte den femininen Look der Lagerfeld-Kollektionen bevorzugt getragen.

Karl wollte die Trauerzeit an einem Ort beenden, an dem er mit Jacques oft glücklich gewesen war. Nachdem er vor Jahren in der Zeitschrift *Marie-Claire* hatte verlauten lassen, dass er Jacques per Adoption zu seinem Sohn machen wolle, wurden Lagerfeld und Jacques in den Straßen des Fürstentums wie zwei lieb gewordene bunte Hunde beäugt. Man fragte sich, was der Vater mit dem Sohne heute wohl unternehmen würde.

Karl erreichte das Fürstentum und eilte auf die Terrasse seiner monegassischen Residenz. Bei jedem Wetter liebte er das Licht an diesem Ort und hatte schon mehrere Fotoshootings in *La Vigie* inszeniert. Am anderen Ende des Strandes ragte der Fürstenpalast empor. Karl verengte die Augen: Die gehisste Fahne bedeutete, der Regent war anwesend. Frei und weich kam ihm hier alles vor, die Brise, die Villa im Stil eines Cremetörtchens mit weißen Säulen und Balkonen wie aus Watte, das mitternachtsblaue Meer, der azurblaue Himmel und zu seinen Füßen der *Monte-Carlo Beachclub*, wo er die Horden der VIPs beobachten konnte. Wenn sich zu viele Reiche, Berühmte und Schöne an einem einzigen Strand drängten, wurde selbst dieser Anblick trivial. Karl hatte eine *Cabane* am Meer gepachtet, die er nie benutzte. Er wollte nicht mit denen, die man ebenfalls sofort erkannte, in einen Topf geworfen werden.

Nach Minuten des Schauens und Sich-Erfreuens fiel seine Stimmung allmählich in sich zusammen. Dort drüben hatte Jacques am liebsten gesessen, hier den Sonnenschirm aufstellen lassen, an der Brüstung war ihm ein Glas Champagner zerbrochen. Beim Aufsammeln der Scherben hatte er sich geschnitten und wegen des Verbandes tagelang nicht im Meer baden können.

Heute war der Liegestuhl leer, der Sonnenschirm beschirmte niemanden. Der Blick ins Weite wurde ein Starren ins Nirgendwo. Plötzlich fand Karl die Hitze lästig, der Sand auf der Terrasse störte ihn, auch der Fischgeruch vom Strand. Nach Monaco zu fahren, um die Trauer zu beenden, war eine Dummheit gewesen. Sein Blick schweifte über die Bucht. *Deo Juvante* lautete der Wahlspruch auf der Fahne der Grimaldis, *Mit Gottes Hilfe.* Karl griff zum Telefon und ließ sich für den nächsten Tag dort ankündigen.

Nach einer unruhig verbrachten Nacht brach er für seine Verhältnisse früh auf. Vor dem Lunch hatte er sich mit Caroline zum Lustwandeln verabredet. Einen Wagen zu bestellen, wäre Zeitverschwendung gewesen, der hätte sich nur durch die überfüllten Straßen gequält. Die japanischen Gärten, das Casino, der Yachtclub, die Kathedrale, diese Strecke legte man besser zu Fuß zurück. Karl wählte den Panamahut, mit dessen Hilfe er nicht sofort erkannt wurde, griff nach dem Buch, das er der Prinzessin mitbringen wollte, und machte sich auf den Weg.

Im Hinaustreten nahm er einen prüfenden Atemzug. Die monegassische Luft roch anders. Trotz der Wärme war diese Luft sonderbar frisch, sie ging leicht ein, doch sie sagte der Seele nichts. Karl versuchte, seinen momentanen Zustand zu begreifen. Abgespannt von der Reise, fühlte er sich irgendwie *entzwei* und stellte trotz der Wärme kalte Füße an sich fest.

Abgesehen von den prächtigen Bougainvilleasträuchern, die selbst zwischen Mauerritzen hervorquollen, hatten die Bewohner Blumen in die Fenster gestellt, Zylinderputzer, Wandelröschen, Hibiskus, Solanum. War heute ein Feiertag? Sollte sich Karl danach erkundigen, bevor er zum Fürsten ging? Da ihm noch Zeit blieb und er bisher nicht erkannt worden war, beschloss er, in diese Welt hineinzuhorchen.

»Ein Muttersöhnchen«, sagte eine Frau zur anderen und meinte einen jungen Mann an der Bar. »Gebildet ist er, trotzdem hohl.«

Karl nahm einige Tische entfernt Platz und wurde bedient.

»Im Appartement unter uns ist eine Amerikanerin gestorben«, erklärte ein Schweizer. »Sie hatte Blutstürze. Dauernd stand die Rettung mit Blaulicht vor unserer Tür. Das war mir peinlich. Gestern war endlich Schluss mit ihr. Man hat sie hinausbefördert und die Wohnung mit Methylaldehyd desinfiziert. Das hält die stärkste Bakterie nicht aus.« Der Schweizer leerte sein Bierglas. »Ich weiß nicht, wohin sie die Toten bringen, hier ist doch alles so eng.«

Entfernt hörte Karl Musik, Chorgesang. Nicht weit von ihm las eine Frau in einem Buch und klopfte dabei summend mit dem Mittelfinger auf die Tischplatte. Karl schärfte den Blick: Es war ein Buch über Brahms.

Wollte er pünktlich sein, musste er sich nun beeilen. Er trank seine Cola aus und machte sich auf den Weg.

»Wie war deine erste Nacht?«, fragte Prinzessin Caroline auf ihrem gemeinsamen Gang durch den Rosengarten.

»Ich habe konfus geträumt. Und dann hat die Villa ja den Nachteil, dass der russische Bungalow direkt daneben liegt. Diese Russen sind lärmende Leute. Wider besseres Wissen war ich gezwungen zu horchen.«

»Du als Lauscher an der Wand?«, lachte Caroline. »Du hättest die Fenster schließen können.«

»Zuerst war es ein Kichern und Keuchen, doch dann ist das Spiel ohne Zweifel ins Tierische übergegangen.«

Zusammen erreichten sie die Flaggenstange, an der sich die Fahne bauschte, die zwei bewaffnete Mönche mit Schwertern zeigte – eine Reminiszenz an die Eroberung Monacos im Jahr 1297 durch als Mönche verkleidete Soldaten.

Caroline zog ein Etui hervor und bot Karl eine Zigarette an. Er lehnte ab, sie entzündete eine für sich. Auf dem nächsten Plateau begegnete ihnen eine Gruppe von Leuten, die Deutsch sprachen.

»Gäste von Papa«, erklärte Caroline. »Seit er im Krieg in Berlin stationiert war, hat er ein Faible für die Deutschen.«

Wasser plätscherte in einer steinernen Rinne und verschwand kurz vor dem Schloss in einem unterirdischen Kanal. Der Weg führte zwischen schmal gewachsenen Pinien zu den Terrassen. Dort angelangt, sprachen sie über den Toten.

Karl sah einer einzelnen Wolke hinterher. »Das Sterben ist eigentlich nichts Ernstes. Bei Jacques kam es mir zuletzt wie eine Bummelei vor. Er hatte keine Schmerzen, kein Ziel, er bummelte in Richtung Tod. All das Ernste, mit dem wir uns abquälen, das gibt es eben nur im Leben.«

Caroline ließ die Zigarettenasche in die Tiefe schweben. »Neulich ist einer unserer Kammerdiener gestorben. Er war schon ewig hier, noch bevor meine Eltern sich kennenlernten.«

»Wenn in diesem Haus jemand stirbt, wie geht das vor sich?«

»Der Sarg wird zeitig in der Frühe gebracht, damit niemand ihn zu Gesicht bekommt. Abgeholt wurde der Mann während des Mittagessens, als wir alle beisammensaßen.«

»Hinter den Kulissen gewissermaßen.«

Caroline betrachtete die Zigarette. »Sie schmeckt mir

nicht. Heute schmeckt sie wie Pappmaché, unbegreiflich. Hoffentlich werde ich nicht krank.«

»La la la, süßes Täubchen fein, la la la, willst du die Meine sein?« Ganz Monaco schien in das Lied einzustimmen, von überall her schallte es in endlosen Strophen. »Es funkelt dein Auge im korsischen Licht, ein Küsschen, ein Küsschen, das schadet doch nicht!«

Fürst Rainier III. hatte seine Forelle kaum angerührt. Er blätterte in dem Buch, das Karl der Prinzessin mitgebracht hatte. Als draußen eine weitere Strophe angestimmt wurde, ließ der Fürst die Fenster schließen.

Karl aß mit Appetit und sparte nicht an der Mayonnaise. Als nächster Gang wurden Waldschnepfen serviert. »Heute ist weder Himmelfahrt noch Fronleichnam, und Pfingsten kann es auch nicht sein. Ich frage mich, was in Monte Carlo gefeiert wird«, erkundigte sich Karl.

»Wir mussten das *Fête de la Sainte Dévote* wegen der Sturmflut im Januar ausfallen lassen. Da meine Landsleute aber auf ihren Devota-Tag nicht verzichten wollen, habe ich ihn in den Frühling verlegt.« Rainier betrachtete eine Radierung in dem Buch.

»Diese Devota scheint eine frivole Heilige zu sein«, sagte Karl.

»Was bringt Sie auf diese Idee?«

»Der Text dieses Lieds: *Du süßes Täubchen fein, willst du die Meine sein?*«

»Die Taube ist ein Symbol der Errettung«, entgegnete der Fürst. »Die heilige Devota wurde unter Kaiser Diokletian im Jahr 304 wegen ihres christlichen Glaubens auf Korsika zu Tode gefoltert. Ihr Leichnam sollte per Boot von Korsika fortgeschafft werden. Als sich ein Sturm erhob, entwich dem Mund der Toten eine Taube, die das Boot sicher zur monegassischen Küste geleitete. Deshalb werden die Tauben trotz meines gesundheitspolizeilichen Verbots bei uns immer noch geküsst.«

Karl lächelte. »Schreiten Sie dagegen nicht ein? Laut Verfassung haben Sie sogar die Macht, Todesurteile auszusprechen.«

»Nur weil jemand Tauben küsst?«

Selbst bei geschlossenen Fenstern drang die Musik herein. Ein Blasorchester hatte nun die Melodie übernommen.

Rainier seufzte. »Das Konzert beginnt.«

Karl sah zu Caroline, die seit geraumer Zeit schwieg. »Geht es dir immer noch nicht besser?«

»Heute ist nicht mein Tag. Tut mir leid. Ich hätte dich gern auf das Fest begleitet, aber …«

»Keine Sorge, ich ziehe mich auch bald zurück. Am liebsten sind mir die Feste, auf denen ich fehle.«

»Wir nehmen den Kaffee im hinteren Salon ein.« Der Fürst hob die Tafel auf. »Dort kann man die Musik nicht hören.« Er gab dem Diener ein Zeichen.

Nachmittags, in seine Villa zurückgekehrt, stellte Karl fest, dass etwas nicht stimmte. War es das Klima oder das Essen, die Forelle des Fürsten? Rastlos lief er durch sein Zuckerwattehaus, trat ins Freie, lief wieder hinein und schloss die Läden. Er hatte Atembeschwerden, seine Wirbelsäule schmerzte. Er glaubte, das eigentlich überwundene Leiden eines Fersensporns zu fühlen, und wechselte von den hochhackigen Stiefeletten zu den Strandschuhen. Er riss die dunkle Brille von der Nase, doch dann blendete ihn das Mittelmeerlicht. Die Palmen im Garten erschienen ihm haarig, die Hortensien trugen Blüten, groß wie Schüsseln. Diese Unruhe, dieses durstige Verlangen, was war das nur?

Arbeitswut! Nichts weiter.

Karl quälte der Müßiggang. Er war nicht dazu geschaffen, in Monte Carlo Banalitäten zu belauschen. Er wollte weder das Lied der heiligen Devota hören noch Waldschnepfen mit dem Fürsten essen. Er wollte seine Arbeit, die er in Paris verlassen hatte, umgehend wiederaufnehmen. Sein Werk verlangte geduldige Pflege, zugleich den raschen Handstreich des Entschlossenen. Er musste mit der neuen Kollektion beginnen! Denn wenn er nicht sofort mit der neuen Kollektion begann, dann … dann konnte er nicht mit der neuen Kollektion beginnen! Er hatte verstanden: Was ihn lähmte, war die Unlust an einem Ort, wo jeder das Vergnügen als höchste Tugend anbetete!

»Monaco tut mir nicht gut«, murmelte Karl, während er seine Habseligkeiten in die Tasche warf. In diesen Minuten erwog er, dem Fürsten die geschenkte Villa, in die er fünfundzwanzig Millionen gesteckt hatte, zurückzugeben.

La Vigie war eine Falle. Gelähmt durch das Wohlleben des Miniaturstaates, abgestoßen vom schönen Wetter und der heiteren Natur, fühlte Karl, wie er mit jedem Augenblick mehr abstumpfte. Nach Hause wollte er, an seinen Schreibtisch! Im Atelier bei Chanel, umgeben von Martine und den Näherinnen, würden sein Werk, sein Leben wieder das Merkmal feurig spielender Laune bekommen. Fluchtdrang! Sehnsucht nach innerer Heimat und der täglichen Lust, dem leeren Papier seinen Willen aufzuzwingen. Er wollte dieses Bedürfnis, die Begierde, schöpferisch tätig zu werden, keinen Augenblick länger ersticken.

Karl bestellte einen Wagen und ließ sich nach Nizza bringen, wo er eine Maschine charterte, die ihn noch vor dem Abendessen in Paris absetzte. Er ließ sich sofort in die Rue Cambon bringen, wo er die Klöpplerinnen, die Bortenmeisterin, die Stickerinnen, die Hutmacherin, die Modistin, die Handschuhmacherin und vor allem Madame Martine so herzlich begrüßte, als wäre er monatelang fort gewesen.

Nur ein Tag ohne Arbeit: Länger hatte Karl es nicht ausgehalten. Diese Erkenntnis bescherte ihm größte Erleichterung. Mochte im Leben auch sonst alles unbeständig und vergänglich sein, seine Lust an der Arbeit besaß das Odium der Ewigkeit.

KAPITEL 19

NEW YORK, FRÜHLING 1991

Der Telefonwecker klingelte. Zwei Füße ragten unter einem Laken hervor. Sie bewegten sich.

»Ja?« Sie machte Licht. »Danke. Ein Frühstück, bitte.« Sie legte auf und blieb noch ein bisschen liegen. Später bürstete sie im Nachthemd ihr Haar. Das Frühstück wurde gebracht. Sie bestellte ein Taxi zum Flughafen JFK.

Im himmelblauen Rolli, mit hellen Jeans checkte sie aus, ohne Gepäck; darum kümmerten sich andere. Durch die Lobby lief sie noch unerkannt. Am Ausgang warteten allerdings erwartungsfrohe Gesichter, erhellt durch ihr Erscheinen. Es regnete in Strömen. Die Leute standen freiwillig im Regen, nur um sie zu sehen. Der Doorman kam ihr mit dem Schirm entgegen und brachte sie zum Taxi. Der mürrische Fahrer hatte keine Ahnung, wen er da transportierte.

Die *Concorde* brachte Claudia Schiffer nach Paris. Sie rollte sich in der ersten Klasse zusammen und schlief auf Vorrat. Sie würde sechs Stunden verlieren und stellte ihre innere Uhr jetzt schon auf Frankreich-Zeit um. In Paris stieg sie in einen Hubschrauber. Am Telefon hatte Karl gesagt: »Das Wetter in Deauville ist scheiße, es soll aber morgen besser werden. Wir fangen daher im Studio an.«

Claudia bevorzugte Fotoshootings im Freien. Im Studio wurde man schneller müde, die Scheinwerfer, die Hitze, die schlechte Luft. Der Helikopter setzte sie vor Karls Atelier am Atlantik ab. Er selbst war noch nicht da. Meistens erschien er erst, wenn alles bereit war und er nur noch zur Kamera zu greifen brauchte.

Claudia ließ sich schminken. Heute war nichts Besonderes mit ihrem Gesicht vorgesehen. Sie präsentierte nicht vor Publikum mit aufwendigem Make-up, für das sie stundenlang bewegungslos dasitzen musste. Für Fotos bevorzugte Karl das Minimum. »Schöner kann man dich ohnehin nicht machen«, sagte er häufig. Claudia trank Fruchtsaft.

Es folgten die ersten Aufnahmen in Jeans und Achselshirt. Das machte Karls Assistent Bertrand. Er ließ einen Ventilator aufstellen, damit sich Claudias Haar bewegte.

»Mach das Ding aus.« Karl war eingetreten, ohne dass

jemand ihn bemerkt hatte. Er trug einen Yamamoto-Anzug, bei dem er aber nur den obersten Knopf geschlossen hatte. Darunter war sein Bauch sichtbar. Wollte Karl, dass man sah, wie stark er zugenommen hatte? Das blaue Hemd und die weiße Krawatte betonten das Bild eines nicht besonders großen, übergewichtigen Mannes.

Karl begrüßte Claudia, Küsschen links und rechts.

»Siehst du das nicht?«, schnarrte er Bertrand an.

Bertrand legte einen neuen Film ein. »Was denn?«

»Ihre Nippel.« Eine Verbeugung vor Claudia. »Verzeih meine Offenheit.« Und zu Bertrand: »Durch die Zugluft vom Ventilator werden ihre Nippel steif. Wir schießen aber keine Pornofotos.«

Claudia schmunzelte. »Ich fand die kühle Luft ganz angenehm.«

»Ich möchte nicht, dass die ganze Welt deinen Busen kennt.« Auf Karls Wink wurde das Gebläse abgeschaltet. »Hast du genügend Material von den Jeans, Bertrand?«

»Drei Filme.«

»Dann mache ich jetzt die weiße Serie.« Zwanglos begleitete Karl Claudia in die Garderobe. »Hast du Tennis gespielt in New York?«

Sie schlüpfte aus den Jeans. »Nein, nur gearbeitet.« Ohne Skrupel zog sie sich vor Karl um. »Ein bisschen Tanzunterricht habe ich genommen.«

Durch den Vorhang bekam er ein Glas Cola gereicht. »Was tanzt du? Klassisch?«

Das brachte sie zum Lachen. »Kannst du dir mich an der Stange vorstellen?«

»Ich kann mir dich überall vorstellen.«

»Mein Choreograf hat eine Musicalchoreografie mit mir einstudiert.«

»Ich hasse Musicals.«

»Das stimmt nicht. Wir waren zusammen in *Kiss Me, Kate*. Das hat dir gefallen.«

»Weil es von Cole Porter ist. Der kann überhaupt nichts falsch machen. Lass den untersten Knopf offen.« Karl betrachtete das weiße Jackenkleid mit den schwarzen Abnähern. »Ich möchte auch mal wieder tanzen.«

»Tanzt du etwa *an der Stange*?«

Er schürzte die Lippen. »Du wirst ja schlüpfrig. So kenne ich dich gar nicht. Ich tanze Tango.«

Sie wechselte die Strümpfe. »Woher kannst du das?«

»Ich kann es nicht, dazu habe ich einen Lehrer.«

»Wohin gehst du Tango tanzen?«

»Das mache ich in meinem Wohnzimmer.«

»Dein Wohnzimmer, das die Größe eines Ballsaals hat?«

»Dort tanze ich Tango.«

»Mit Frauen?«

»Das kann man auch wunderbar mit Männern tanzen.«

Er zog den Vorhang ein wenig beiseite. »Wo bleiben die Schuhe?«

Fast im selben Augenblick wurden cremefarbene Pumps hereingestellt.

Er brachte sie Claudia. »Der Tango hat einen Nachteil. Man sollte ihn nicht mit dickem Bauch tanzen. Das sieht lächerlich aus.«

Claudia vervollständigte das Outfit und schwieg.

»Kein Kommentar?«

»Wozu?«

»Du hast meinen scheußlichen Bauch längst gesehen. Ich habe es an deinem Blick bemerkt.«

»Stimmt, du hast ein bisschen … zugelegt.« Sie beschäftigte sich mit den armlangen Handschuhen.

»Zugelegt? Ich bin ein Koloss, ein Walross, eine Missgeburt. Große Männer können dick werden, für fragile Männer ist das ein Todesurteil.«

»Warum trägst du dann die Jacke offen?«

»Um mich nicht länger selbst zu betrügen. Ich bin Modeschöpfer und kenne alle Tricks, um meinen Wanst zu kaschieren. Heute stelle ich mich bewusst bloß, und zwar vor dir, meine Schöne.«

»Ich finde es nicht so schlimm.« Sie trat vor den Spiegel.

Er stellte sich daneben. *»La belle et la bête.«* Demonstrativ streckte er den Bauch heraus. »Jetzt ist Schluss damit.

Wer gegen so einen Bauch nichts tut, gibt die Verantwortung für sein Leben auf.« Er trat an den Vorhang. »Bist du so weit?«

Zusammen kehrten sie ins Studio zurück. Bertrand richtete die Scheinwerfer ein.

»Ich bin auf eine Party eingeladen«, sagte sie, bevor sie ins Licht trat. »Morgen, in Paris.«

»Morgen hast du den ganzen Tag Anprobe«, erwiderte er, eine Spur nervöser.

»Hinterher, zur Entspannung. Helmut wird auch da sein.«

»Newton?« Karl bekam die Kamera ausgehändigt. »Der hat noch mehr zugenommen als ich, der Arme. Vielleicht komme ich auch. Mal sehen, wie die Anprobe läuft.«

»Wann fangen wir morgen an?«

»Um sieben. Tut mir leid, sonst ist das nicht zu schaffen.«

Lachend setzte sie den weißen Hut mit der schmalen schwarzen Krempe auf. »Bei meinem Jetlag bedeutet das ein Uhr mittags. Wo ist das Problem?«

Ein Defilee für Karl dauerte maximal zwei Stunden, doch die Anproben für Prêt-à-porter-Mode und besonders für die Haute Couture nahmen Tage in Anspruch. Claudia hielt sich in den Räumen von Chanel inzwischen so selbstverständlich auf, als wäre sie Karls Tochter. Als sie um Punkt sieben Uhr ungeschminkt ankam, saß er schon am Zeichentisch und warf ihr eine Kusshand zu.

Karl und Claudia waren ein eingespieltes Team. Zu Beginn ihrer Zusammenarbeit hatte sie gezweifelt, ob sie ihm gewachsen sein würde. Davor war Claudia nur für Fotos gebucht worden. Karl traute ihr die Mammutaufgabe zu, die Haute-Couture-Show für Chanel zu präsentieren. Sie hatte keinerlei Ausbildung für den Laufsteg, wusste nichts über Drehung, Tempo, Pausen. Trotzdem sagte Karl: »Zusammen schaffen wir das.«

Ihr Lampenfieber war existenziell gewesen. Hinter der Bühne zitterte sie so stark, dass Martine sie beim Umziehen festhalten musste. Neben der globalen Modeprominenz saß auch Claudias Mutter im Publikum, extra aus Nordrhein-Westfalen angereist. Der Schauplatz für Claudias erstes Defilee war das Palais de Chaillot. Sobald sie im Licht stand, bemerkte niemand ihr Lampenfieber. Man fand Claudia aufsehenerregend. Nur Karl wusste, dass ihr Charme auf ihren Schwächen beruhte. Ihr Gang auf dem Catwalk war simpel, das Lächeln unsicher. Ihre Augen schienen zu fragen: Traut ihr mir das zu? Wenn nicht, dann sagt es mir bitte nicht.

Aber wenn man so schön war und achtzehn Jahre alt, verzieh das Publikum einem alles. Claudia überzeugte die Kritiker und die Konkurrentinnen. Karl hatte eine Prinzessin gekürt, die in Kürze zur Königin der Modewelt aufstieg.

Für die Anproben führte er Claudia persönlich zu den Modellen, die auf den Puppen hingen. Noch während sie einen schwarzen gebauschten Rock anprobierte, wurde sie in der Krawattenabteilung gebraucht. Der kleine korsische Schneider lief neben ihr her, während er Nadeln in dem Rock feststeckte. Er piekste sie kein einziges Mal. Karl gefiel etwas an dem Rock nicht. Er kehrte an den Zeichentisch zurück und skizzierte, was er anders haben wollte.

Als Nächstes probierte Claudia eine schwarze Korsage, seitlich hoch angeschnitten bis zu den Hüften. »Ich wusste nicht, dass du auch Playboy-Bunnys ausstattest«, scherzte sie. »Wo bleiben meine Hasenöhrchen?«

Jede andere hätte Karl mit eisigem Schweigen oder deutlichen Worten abgestraft. Nur *Claudi* durfte alles. Karl lachte, malte ein paar Hasenohren auf die Figurine und machte Polaroids von dem Modell. Noch bevor sie trocken waren, kritzelte er mit Filzstift die gewünschten Änderungen darauf. Er stellte Claudia neben ein männliches Model im blauen Anzug. Die Kombination der beiden gefiel ihm nicht. Der junge Mann bekam sein volles Honorar ausgezahlt, wurde aber aus dem Defilee herausgenommen.

Das Brautkleid stellte den Höhepunkt jeder Kollektion dar. Karl und seine Schleppen, seine Schleier, Karl und der ewige Tüll! Doch im letzten Moment gefiel ihm das Art-déco-Motiv nicht mehr. Weil das Brautkleid nun wegfiel und sie einen Ersatz finden mussten, wurde der Zeitdruck übermächtig. Karl verbreitete jedoch weiterhin den Eindruck, das alles sei kein Problem, und zwang das Team, genauso stressfrei zu wirken wie er selbst. Seine Unruhe offenbarte sich nur darin, dass auf seinem roséfarbenen Hemd winzige Schweißflecken auftauchten. Claudia präsentierte schließlich die Hochzeitsalternative, einen weißen Hosenanzug mit tiefem Ausschnitt, dazu eine Wolke aus weißem Tüll, ein Schleier, der drei Meter hinter ihr her wallte.

Ein kindliches Lächeln breitete sich auf Karls Gesicht aus. »Na also. Warum nicht gleich so? Wie wunderbar, Claudi, wie absolut wunderbar.«

Am selben Abend fand eine Party im Palais Chaudrillon statt, von der niemand genau wusste, wer Gastgeber oder Gastgeberin war. Gegen zweiundzwanzig Uhr tauchten Karl und Claudia dort auf. Sie hatten fünfzehn Stunden durchgearbeitet und wirkten dennoch wie belebende Ikonen ihrer selbst.

Jemand stellte sich Karl in den Weg und schwärmte:

»Meister! Ihr Talent, geschaffen, den Glauben des breiten Publikums und zugleich die Bewunderung der Wählerischen zu gewinnen …«

Karl ließ die aufdringliche Person stehen und raunte Claudia im Weitergehen zu: »Du wurdest soeben Zeuge der ersten bemannten Darmspiegelung.«

Eine Gruppe von Gästen begrüßte Claudia; sie und Karl wurden getrennt.

Eine Bekannte, die er schätzte, und eine andere, die ihm auf die Nerven ging, näherten sich. Karl machte Small Talk mit der Geschätzten. Doch auch die Ungeliebte wollte Gehör finden. »Ich war krank, müssen Sie wissen.«

Karl fragte mit beherrschter Höflichkeit nach dem Fortschritt ihrer Genesung.

»Ach, man tut zwei Schritte vorwärts und drei zurück. Man schiebt den Felsen den Berg hoch, doch glaubt man endlich, oben zu sein … Ach, es sind Tantalusqualen!«

Hinter der Brille verengte sich Karls Blick. »Das ist schön von Ihnen, Madame. Sie gönnen dem armen Tantalus eine Abwechslung und lassen ersatzweise ihn den Marmor des Sisyphos hochwälzen.« Ohne ihre Reaktion abzuwarten, verschwand er in der Menge.

»Ich hege eine Abneigung gegen diese Musik«, sagte jemand an der Bar. Durch seine wallende Mähne gab er sich die Aura eines Geistesmenschen. »Musik ist wertvoll, sofern sie *erweckt.* Wenn Musik einlullt, hat sie eine destruktive Wirkung.«

»Das ist doch nur Michael Jackson«, sagte Karl im Vorübergehen. »Nicht weiter großartig, aber gewiss nicht einlullend.«

Während Karl eine Cola bestellte, eröffnete der Geistesmensch ein neues Thema. »Ich bin gezwungen, ständig meinen Blutzuckerspiegel zu messen. Mir gefällt dieses *Messen* ganz gut, weil einem dabei klar wird, was das eigentlich ist, die Zeit.«

Karl entdeckte eine unbekannte Gestalt mit fahler Gesichtsfarbe und wohlgeordnetem blondem Haar. Zusammengesunken saß sie da, was sie wohl für Lässigkeit hielt. Ihr Rücken war rund, der Kopf vorgeschoben. Karl musterte sie über den Rand der Sonnenbrille hinweg.

»Wenn die Zeit einem lang vorkommt, *ist* sie lang«, dozierte der Geistesmensch. »Wenn sie einem kurz vorkommt, *ist* sie kurz. Aber wie kurz oder lang ist die Zeit in Wirklichkeit?« Es gelang Karl, ihn zu ignorieren. Die Frau an der Bar war jung, zwanzig allerhöchstens, vermutete er. Sie kam Karl wie ein eigentümlich schleichendes Mädchen vor.

»Wir haben gelernt, dass eine Minute so lang ist, wie der Sekundenzeiger braucht, um sie abzuschreiten. Aber er braucht ja ganz unterschiedlich lange – nach unserem Gefühl!«

Karl hielt sie für keine Französin. Eine Engländerin möglicherweise, britische Frauen neigten zu schlechter Haltung. Oder eine Russin?

»Von Paris nach Nizza sind es sechs Stunden mit der Bahn«, fuhr der Grauhaarige fort. »Aber in Gedanken dauert die Fahrt keine Sekunde.«

»Dieser Schwachsinn ist ja nicht auszuhalten«, stöhnte Karl, verließ die Bar, näherte sich der vermuteten Russin und stellte sich vor.

»Ich bin Nadja«, antwortete sie auf Deutsch.

»Nadja – und weiter?«

»Auermann.«

»Und was machen Sie hier, Nadja?«

»Ich langweile mich.«

»Ich meine, was machen Sie in Paris?«

»Ich soll fotografiert werden.«

»Von wem?«

»Die Fotografin heißt ... Es ist ein Adelstitel, ich kann mir den Namen nicht merken.«

»Ellen von Unwerth?«, entgegnete Karl.

»Genau!«, rief Nadja.

»Ellen arbeitet für die britische *Vogue*.«

»Und genau für die soll ich fotografiert werden.«

»Woher stammen Sie, Nadja?«

»Aus Berlin.«

KAPITEL 20

PARIS, NOVEMBER 2000

Karl kaufte im Durchschnitt zwei Dutzend Bücher täglich. Über Fotografie, Design, Architektur, Film, Theater und Gartenpflege gab es ständig Neues zu erwerben.

»Das da«, sagte er dann. »Das auch. Das nicht.« Er lief durch die Buchhandlungen von Paris, New York, Berlin. An sämtlichen Wohnorten, auch in seinen Studios erhoben sich Regale von bis zu sieben Metern Höhe mit waagrecht gelagerten Büchern. Was nicht in die Wohnungen passte, kam in Container in ein Lagerhaus und wurde von einem Bibliothekar verwaltet. Trotz Karls *Büchervöllerei* wusste er bei den meisten Exemplaren, wo sie standen. Brauchte er im Ausland ein Buch, rief er bei sich zu Hause an: »Esszimmer, viertes Regal, sechste Reihe links.« Das Exemplar wurde ihm per Air-Boten gebracht.

Doch Karl verschlang nicht nur Bücher. Die Kellner im Café de Flore servierten ihm unaufgefordert Wiener Würstchen mit Mayonnaise, Orangensaft, Käse und Baguette. Unabhängig von den Mahlzeiten nahm er zwischendurch gern Burger und Hotdogs mit viel Mayonnaise zu sich. Während der Anproben im Atelier vertilgte er Schokolade tafelweise. Nach Jacques' Tod hatte seine Esssucht noch zugenommen. Aufschnitt von piemontesischem Schinken und Trüffelsalami, Schwarzwälder Schwarzbrot, dick mit salziger Butter bestrichen, Rosinenbrötchen, Krapfen, Rhabarberkuchen – und Kaiserschmarrn, seine Leibspeise, von der jedes seiner Lieblingslokale ein Rezept haben musste.

Obwohl Karl niemals zugab, unter Stress zu stehen, und behauptete, trotz der vielen Arbeit stets Herr der Lage zu sein, stand er ständig unter Strom. Kompensation brachten ihm Schokolade, Junkfood und Coca-Cola.

Als das neue Jahrtausend nicht mehr fern war, stellte er gesundheitliche Folgen seiner Ernährung fest: Kurzatmigkeit, Schweißausbrüche, Herzrasen. Jahre nachdem er Claudia einen Wechsel seines Lebenswandels angekündigt hatte, machte Karl Ernst. Der übergewichtige Lagerfeld stellte sich vor einen Spiegel, sah sein schweißglänzendes Kinn über dem schwarzen Rollkragenpullover, der das Doppelkinn nicht mehr kaschierte, sah die aufgedunsenen Wangen und seine Augen, die zwischen

Fettwülsten verschwanden. Alles an ihm war fett, auch seine wurstförmigen Finger, weswegen ihm die Mahnung seiner Mutter einfiel: »Mit diesen Fingern darfst du im Leben niemals rauchen oder Klavier spielen.« Ein schwarzer Mantel sollte seine Leibesfülle verhüllen und wirkte stattdessen wie ein Zelt. Der Fächer, ohne den er nicht mehr ausging, ließ das Bild noch trauriger erscheinen. Offiziell gab Karl einhundertzwei Kilo zu; die Wahrheit war erschütternder.

Der Abschied vom 20. Jahrhundert bedeutete für Karl den Abschied von *zu viel Karl.* Als Erstes warf er seine barocken Möbel aus den Häusern. Ab jetzt wurde Barock gleichgesetzt mit Sünde. Fortan lebte Karl in klaren, modernen Linien. Er ließ sich vom Arzt das Erforderliche verordnen, um auch den barocken Lagerfeld loszuwerden. Als Dr. Jean-Claude Houdret behutsame Schritte vorschlug, um bei Karls Arbeitspensum keine Kreislaufprobleme auszulösen, kostete das Karl ein Lächeln.

»Ich bin Mitte sechzig. Wenn ich in behutsamen Schritten abnehme, erreiche ich mein Traumgewicht, wenn ich im Sarg liege. Wenn Fasten nicht wehtut, hat es keine Wirkung. Also tun Sie mir weh, Doktor.«

Dr. Houdret verordnete Proteinpulver, aufgelöst als Suppe oder Brei, entwässernde Gemüse, Spargel, Rosenkohl und Tomaten. Mehr als achthundert Kalorien täglich waren in den ersten Wochen nicht erlaubt. Mehrmals wurde Karl schwarz vor Augen, aber er erreichte immer rechtzeitig eine Toilette, um eine Eiweißtablette zu nehmen und Wasser zu trinken.

Er begann die Tortur am 1. November 2000. Zu Allerheiligen und Allerseelen gedachte man der Toten und fastete ohnehin. In der kalten Jahreszeit nicht anständig essen zu dürfen erwies sich allerdings als schwierig. Keine Weihnachtskekse, kein Stollen, stattdessen jeden zweiten Tag Blutuntersuchung bei Dr. Houdret.

»Erstaunlich«, urteilte der Arzt. »Das muss Ihre verdammte Hamburger Disziplin sein: Sie zeigen keinerlei Mangelerscheinungen.«

»Das sind die Gene meiner Mutter.«

Eiweißpulver, Spargel und Rosenkohl und Wasser, so lange, bis endlich Stufe zwei erreicht war. Für Karl fühlte es sich wie das Schlaraffenland an. Von nun an durfte er eintausendzweihundert Kalorien zu sich nehmen, Gemüse aller Art, mageren Fisch, mageres Geflügel, echte Eier und fettarmen Quark. Nach den harten Wochen empfand er die Umstellung wie einen Geschmacksrausch. Allerdings musste er auch weiterhin eine Mahlzeit als Eiweißshake zu sich nehmen. Karl wählte das Frühstück dafür; abends wollte er sich etwas gönnen.

Stufe zwei nahm den Rest des Winters in Anspruch und den Frühling, so lange, bis Dr. Houdret an einem frischen Maitag das Tor zum Paradies aufstieß: Phase drei!

Karls Ernährung wurde auf eintausendsechshundert Kalorien hochgesetzt.

Vollkornbrot! Ein Rausch, eine Lust! Vor jeder Mahlzeit roch Karl minutenlang an dem köstlichen Brot, toastete die Scheiben und genoss sie wie biblisches Manna. Endlich Obst, Mangos, Orangen, Birnen und rotwangige Äpfel aus Schleswig-Holstein. Trauben aus der Toskana, Bananen aus Afrika. Karl taumelte durch sein Glück. Konnte das Leben ihn verschwenderischer beschenken?

Auch Dr. Houdret motivierte ihn. »Wenn Sie in Phase drei diszipliniert sind, bleibt der Gewichtsverlust stabil.«

»Wie lange noch, Doktor?«

»So lange, bis Sie Ihre albernen sechzig Kilo erreicht haben«, antwortete er tadelnd. »Ein Mann, der auf die siebzig zugeht, braucht sich nicht derart zu kasteien.«

»Ich bin in der Mode«, konterte Karl. »Ich möchte die Sachen anziehen können, die die Mode für mich bereithält. Ich will Jeans tragen, bei denen man den obersten Knopf nur im Liegen zukriegt, und Hosen, die meinen schlanksten Assistenten nicht passen.«

»Behutsam, Karl. Weniger als sechzig Kilo dürfen Sie nicht wiegen.«

»Natürlich. Ich will knackig sein, nicht dürr. Nun macht es sich bezahlt, dass ich nie Alkohol getrunken habe.«

»Wieso?«

»Alkoholiker bekommen spindeldürre Beine, wenn sie abnehmen. Ich schmeichle mir, immer noch durchtrainierte Tänzerbeine zu besitzen.«

»Mir scheint gar, Sie finden Gefallen an Ihrer Qual«, entgegnete der Doktor.

»Meine Eitelkeit tut meiner Gesundheit gut, und das gefällt mir.«

»Der Einsatz ist hoch.«

»Das finde ich nicht. Eine Diät ist das einzige Spiel, bei dem man gewinnt, wenn man verliert.«

Karl verlor vierzig Kilo in dreizehn Monaten. Der Jojo-Effekt nach Ende der Diät blieb aus. Da er seltener als früher ausging, fiel es ihm leicht, auch weiterhin diszipliniert zu essen. Wenn er mit anderen im Restaurant saß, sah er gelassen zu, wie sie rotes Fleisch, Bratkartoffeln und Apfelstrudel in sich hineinstopften. Karl blieb bei Fisch und gedünstetem Gemüse.

PARIS, FEBRUAR 2004

»Wahrscheinlich haben Sie sich beim Fotoshooting erkältet.« Martine beobachtete Karl, der sich an seiner Maschine zu schaffen machte. Das Ding filterte Schadstoffe aus dem Leitungswasser und setzte ihm zugleich Mineralien zu. Danach wurde das Wasser über eine Platinmembran geleitet, die die Ionen gesundheitsfördernd anordnete. Zuletzt wurde es erhitzt, ohne es zum Kochen zu bringen.

»Wie sollte ich mich beim Fotoshooting denn erkältet haben?« Karl verfolgte den Weg des Wassers durch die Maschine. »Ich erkälte mich nie. Überhaupt werde ich nie krank.«

In Wahrheit litt Karl häufig unter Bagatellkrankheiten. Ein Husten da, eine Magenverstimmung und Verdauungsprobleme dort, die auch durch vermehrten Pumpernickelkonsum nicht zu beherrschen waren. Dazu die unerklärliche Gesichtshitze, wie sie Karl sonst nur aus der Akklimatisationszeit auf fremden Kontinenten kannte.

»Wie alt sind Sie, Karl?«, fragte Martine.

»Was hat das damit zu tun?«

»Ab einem gewissen Alter erwischt es einen leichter als früher.«

»Es gibt kein gewisses Alter«, brauste er auf. »Entweder man ist gesund oder krank. Ich bin gesund, und zwar in jedem Alter. Ende der Diskussion.«

Meistens schwieg Martine auf Karls Widerspruch, diesmal blieb sie hartnäckig. »Für mich hört sich Ihr Husten wie ein Katarrh an.«

»Ach, und seit wann sind Sie Lungenspezialistin?«, entgegnete er streitlustig.

»Katarrhe entstehen nicht durch Erkältung, sondern durch eine Infektion, für die der Körper anfällig ist. Sie sehen erhitzt aus, als ob Sie Fieber hätten. Haben Sie Ihre Temperatur gemessen?«

»Erhitzt bin ich vom heißen Wasser.«

»Messen Sie Ihre Temperatur überhaupt?«

»Doch. Wenn ich Fieber habe.« Er sah zu, wie sie zum Erste-Hilfe-Schrank trat. »Ich habe kein Fieber!«

»Wo ist Ihr Thermometer?«

»Schluss. Ich messe nicht!«, rief er im Befehlston. »Ich weiß, wann ich Fieber habe. Im Übrigen werden Sie im ganzen Haus Chanel kein Thermometer finden.«

»Ach nein?« Martine hielt ihm ein steriles Set vor die Nase.

»Ich bin gesund!« Karl war es nicht einmal peinlich, eine kleine Verfolgungsjagd mit ihr im Büro zu veranstalten.

Martine trieb ihn in die Enge. Ehe er sichs versah, steckte sie das Thermometer in Karls Mund.

Sie sah auf die Uhr. »Es ist sechs Minuten nach halb zehn.«

Karl schnaubte, wehrte sich aber nicht länger gegen die Prozedur. Um sich abzulenken, ließ er den Blick über die neue Kollektion schweifen: graue Blousons, weiße T-Shirts, Hosen mit Tigermuster, Frackhemden zu Miniröcken. Er wollte das Thermometer herausnehmen.

»Es sind erst anderthalb Minuten verstrichen«, ermahnte Martine.

Krawatten in Dreiecksform, Perlenketten zum Rolli.

Martine zog den Quecksilberstab aus seinem Mund und hielt ihn Karl vor die Augen. »Siebenunddreißig neun.«

»Das kann unmöglich stimmen.«

»Siebenunddreißig neun, und das am Vormittag. Sie gehören ins Bett, Karl.«

»Unsinn. Das ist minimal.« Er musterte das Thermometer missbilligend. »Nur ein bisschen Temperatur.«

»Sie können sich nicht länger wie ein Dynamo aufführen.«

»Was soll Ihre permanente Anspielung auf mein Alter? Mein Fall ist der denkbar harmloseste.« Er warf das Instrument auf das Sofa und wollte zurück zum heißen Wasser.

Sie trat ihm in den Weg. »Ich rufe jetzt den Arzt.«

Sie ließ seinen vehementen Widerspruch nicht gelten. Karl verbat sich, in den Räumen von Chanel untersucht zu werden, und ließ Dr. Houdret in sein Palais kommen. Im Hinauseilen rief er Martine zu: »Die verlorene Zeit müssen wir einholen, und wenn es die ganze Nacht dauert!«

Wortlos zeigte Martine auf den Bentley vor dem Haus. »Sie lassen sich jetzt erst mal untersuchen.«

Dr. Houdret erwartete ihn. »Ich komme gerade von einer Rippenresektion. Ein Kollege wollte meine Meinung zur Lunge des Patienten hören.« Er legte das Stethoskop an Karls Rücken. »Einatmen. Ausatmen. Ein. Aus.«

»Und in welchem Zustand befand sich die Lunge?«, fragte Karl, weil er die Stille schlecht ertrug.

»Das waren nur noch Weichteile, alles in Auflösung begriffen. Mein Kollege hat ihn gleich wieder zugenäht.«

»Müssen Sie mir das erzählen, während Sie mich abhören?«

»Ich werde Sie jetzt abklopfen.«

»Wozu?«

»Ist gleich vorbei.« Houdret führte kleine Stöße mit dem Mittelfinger gegen Karls Rückenpartie. »Verkürzt. Vesikulär«, murmelte er. »Husten Sie. Noch einmal. Geräusch.« Houdret klopfte wieder. »Hören Sie das? Hören Sie den Unterschied?«

»Hier klingt es dumpfer.«

»Das ist eine Dämpfung, lieber Freund, und Dämpfungen können auf altes Narbengewebe hinweisen. Sie sind kein junger Patient mehr, Karl. Ihr Gewichtsverlust in so kurzer Zeit scheint eine Krankheit aus früheren Jahren an die Oberfläche gebracht zu haben. Da oben links höre ich ein raues Atemgeräusch.«

»Ich dachte, es ist nur ein Katarrh.«

»Wenn Sie es weiter so treiben mit ununterbrochener

Arbeit, dabei aber nicht anständig essen, rächen sich gewisse Organe dafür, mit denen Sie zuletzt gerechnet hätten. Wir werden uns als Nächstes eine Innenansicht von Ihnen ansehen.«

Karl schlüpfte in sein Hemd. »Ein Lungenröntgen?«

»Es wird Ihnen Spaß machen, Einblick zu gewinnen in die eigene Person.«

KAPITEL 21

PARIS, SOMMER 2008

»Sie heißen Baptiste?«, fragte Karl.

»Baptiste Giabiconi.« Der junge Mann fügte hinzu, er sei Hubschraubermonteur aus Marseille.

»Ich habe Sie beobachtet, Baptiste: Sie haben Brotkügelchen gedreht. Fein ist das aber nicht.«

»Eine Angewohnheit aus meiner Kindheit«, entgegnete der junge Mann. »Früher habe ich das weiche Innere aus den Brötchen herausgepult und gehofft, meine Mutter würde nicht merken, dass es ausgehöhlt ist.«

»Und, hat sie?«

»Jedes Mal fand sie das Loch. Stört Sie das, Monsieur?«

»Es kommt darauf an, *wer* Brotkügelchen dreht, Baptiste. Ich bin Karl.«

Es war dieselbe Brasserie in Montparnasse wie einst mit Jacques, die gleichen Möbel, das Nachmittagslicht.

Damals, vor dreißig Jahren, hatte Jacques Rotwein getrunken. Baptiste trank Pastis. »Wie viel Uhr ist es?«, fragte er.

Karl sah, dass der junge Mann keine Armbanduhr trug. »Gleich vier Uhr, Baptiste.«

»Ich wurde um halb vier hierher bestellt.«

»Von einer jungen Dame?«

»Von einem Mann.«

»Ein jüngerer Mann?«

»Schon älter.«

»Und dieser ältere Mann hat Sie demnach versetzt? Das ist unverzeihlich.«

»Ich soll ihm Modell sitzen.«

»Er darf Sie malen? Jetzt verstehe ich noch weniger, warum er unpünktlich ist.«

»Wollen Sie sich nicht setzen, Monsieur?«

»Danke.«

Baptiste überlegte. »Ich habe Sie schon irgendwo gesehen, Karl, aber ich weiß nicht genau …«

»Ich dagegen habe Sie noch nie gesehen, Baptiste. So gleicht es sich wieder aus. Haben Sie mal daran gedacht, sich fotografieren zu lassen?«

»Sie sind nicht der Erste, der mich das fragt.«

»Kein Wunder, denn Sie sind makellos. Wissen Sie das eigentlich? Ich würde Sie gern fotografieren.«

»Ich fürchte, ich kann nicht.«

»Wegen dieses Malers, der nicht gekommen ist?«

»Nein. Ich muss nach Marseille zurück.«

»Um Hubschrauber zu reparieren?« Der Junge nickte. »Ich prophezeie Ihnen, Baptiste, Sie werden in der Fotobranche so viel Geld verdienen, dass Sie sich Ihren eigenen Hubschrauber leisten können.« Er seufzte. »Leider muss ich nun aufbrechen. Begleiten Sie mich noch zu meinem Wagen?«

»Und was mache ich mit dem Maler?« Gemeinsam standen sie auf.

»Jemand, der Sie warten lässt, hat seine Chance auf Glück verspielt, Baptiste.«

Während sich Karl in die Praxis von Dr. Houdret fahren ließ, blickte er in die einfallende Pariser Dämmerung. Er hatte das Bild dieses Jungen vor seinem inneren Auge, sein Mund, die Wangenknochen, die scheuen Augen. Sein dunkelblaues Sakko hatte etwas von einer Seemannsjacke; natürlich, er stammte schließlich aus Marseille. Woher kam die Blässe bei einem Südfranzosen? In der Sekunde, als Baptiste beim Abschied gelächelt hatte, mit Lippen, die sich erst beim Lächeln öffneten, hatte Karl Ergriffenheit, Erschütterung, Hoffnung gepackt. Der Junge durfte so nicht lächeln! So durfte er niemanden anlächeln – kokett, neugierig, leise gequält. Karl verbat sich, das Wort *Verliebtheit* zu denken, doch Baptiste war schöner, als es sich sagen ließ.

»Tief einatmen«, ordnete Dr. Houdret an. »Die Luft anhalten.« Er verließ den Strahlungsbereich der Maschine und hantierte nebenan am Schaltbrett.

An diesem Tag, der Karl so außergewöhnlich beschenkt hatte, meinte er plötzlich, die unsichtbaren Kräfte zu spüren, die seine Materie durchdrangen. Er stellte sich Blitze vor, die durch seinen Körper strömten. Karl fühlte sich durchschaut.

»Und noch einmal.« Dr. Houdret justierte das Gerät neu. »Einatmen. Und bitte recht freundlich!« Lächelnd ging er hinaus.

Wenig später waren die Aufnahmen entwickelt. Der Arzt löschte das Licht. »Sehen Sie das?« Er zeichnete die Kontur von Karls Brustkorb nach. »Das sind Sie selbst – und Ihre neue Magerkeit. Sie haben den Thorax eines Jünglings.«

»Ist das denn nicht … gut?«

»Sehen Sie das Zwerchfell?«

Karl sah nichts, was ihn geängstigt hätte, doch zugleich sah er etwas, was dem Menschen zu erkennen nicht bestimmt war. Zum ersten Mal verstand er, was er in vielen Interviews nonchalant abgetan hatte: Karl verstand, dass er sterben würde.

»Ich sehe mein Herz«, flüsterte er.

MONACO, FEBRUAR 2010

Mit zwanzig Jahren war Baptiste Giabiconi inzwischen zum erfolgreichsten Männermodel der Welt aufgestiegen. Seine weiblichen Kolleginnen zeigten sich ratlos über so viel Schönheit. »Jede von uns hat irgendwelche Fehler«, sagte Naomi Campbell. »Nur du bist makellos.«

»Ich mag morgen nicht wegfahren«, seufzte Baptiste.

Sie lagen im Garten der Villa *La Vigie*. Seit es Baptiste gab, hatte Karl wieder Lust, sich unter die versnobte Gesellschaft an der Riviera zu mischen. Er achtete darauf, dass kein Quadratzentimeter von ihm der Sonne ausgesetzt war. »Fotoshooting auf den Bahamas – viele würden dafür morden, diesen Job zu kriegen.«

»Der Flug ist schrecklich lang, und dann das lästige Umsteigen in Atlanta.«

»Beschwerst du dich darüber, dass du erfolgreich bist?«

Der Junge drehte sich zur Seite. »Warum fotografierst du eigentlich nicht selbst auf den Bahamas?«

»Weil mir der Flug zu umständlich wäre. Außerdem wollen auch andere in den Genuss deines Liebreizes kommen.« Unvermittelt setzte sich Karl im Liegestuhl auf.

»Was ist?«

»Ich brauche einen Bleistift. Schnell!«

»Im Atelier hast du Tausende.«

»Ich brauche den Stift sofort! Bis ich drinnen bin, habe ich es vielleicht vergessen.«

Baptiste fasste in die Tasche seines Sakkos. »Geht auch ein Kugelschreiber?«

»Her damit. Ich muss zeichnen.« Auf dem Tisch lag Karls Post. Er nahm ein geschlossenes Kuvert und setzte die ersten Striche.

»Was wird es?«

»Das weiß ich nicht. Ich habe gerade an ein Schwein gedacht.«

»Du zeichnest ein Schwein für Chanel?«

Glückliche Schauder überliefen Karl. Die Idee war ungehobelt, aber großartig. Sein Herz trommelte, die Atmung setzte für Sekunden aus. In diesem Zustand war er nicht anwesend.

Baptiste trat in die Sonne. »Du hast den Elan eines ganz jungen Mannes.«

»Das ist nicht nur Elan«, murmelte Karl. »Es muss getan werden.«

»Zeichne, Karl. Zeichne dich aus!« Baptiste lachte über seinen kleinen Wortwitz.

Karl begutachtete das Ergebnis.

»Das soll ein Kleid für Chanel sein?«

»Kein Kleid, ein Mantel.«

»Wie willst du das hinkriegen, dass jemand, der den Mantel trägt, so dick aussieht?«

»Das macht Lukacek für mich.« Begeistert lehnte sich Karl zurück.

»Verwendet er wattierten Stoff?«

»Nein. Lukacek ist mein Stricker.«

»Du willst den Mantel *stricken* lassen?«

»Ich könnte ihn selbst stricken, wenn ich die Zeit dafür hätte. Als Junge war ich meisterlich darin«, beantwortete Karl Baptistes überraschten Blick. »Aber Lukacek ist besser.« Er nahm die Zeichnung zur Hand. »Lukacek wird mir mein Schwein stricken.« Er sprang auf und ergriff Baptistes Hand. »Wollen wir tanzen?«

»Hier?«

»Bist du verrückt? Ich will mir keinen Sonnenstich holen. Drinnen haben wir einen Festsaal für uns.«

»Ich ziehe mir etwas an.«

»Nein: So, wie du bist.« Er zog den jungen Mann in Badehose mit sich.

Drinnen legte Karl *Oblivion* in der Interpretation von Gidon Kremer auf.

In den Räumen war es frisch, Baptiste umschlang sich mit den Armen. »Was ist das?«

»Piazzolla.«

»Was soll man dazu tanzen?«

»Tango natürlich.«

»Ich kann keinen Tango.«

»Ich bringe es dir bei.« Geschäftig lief Karl auf ihn zu,

nahm aber nicht Tanzhaltung ein, sondern stellte sich parallel zu dem Jungen. »Zuerst zeige ich dir den Frauenschritt.«

»Warum tanzt du nicht die Frau?«

»Ich muss der Mann sein, weil der Mann beim Tango führt.«

»Wie altmodisch.«

»Und wie wundervoll.« Er küsste Baptistes Hand. »Links ein Schritt nach vorn. ... Nein, links, das ist rechts. ... Nein, das andere links. Jetzt rechts seitwärts, links rückwärts und ein Wechselschritt.«

Baptistes Beine verhedderten sich.

»Das ist doch nicht so schwer«, nörgelte Karl. »Ein Wechselschritt, so. Nein ... ja, gut.«

Man sah dem Jungen an, dass er nicht glücklich war, aber Karl paukte mit ihm noch eine halbe Stunde weiter. Mit ungeduldigem Seufzer trat er schließlich zurück: »Du hättest Hubschraubermonteur bleiben sollen.«

»Wir könnten etwas anderes tanzen.«

»Aber ich liebe dieses Stück. Wenn ich mit dir nicht *Oblivion* tanzen kann, dann ... will ich eigentlich gar nicht tanzen.«

»Warum?«

»Weil Tangotanzen die einzige Tätigkeit ist, bei der körperliche Präzision mit der Annehmlichkeit des Träumens zusammenfällt. Tango ist ein tiefer Traum, unendlich lang, Tango ist die Ewigkeit.«

»So spricht Karl, der deutsche Poet«, stichelte Baptiste.

Karl ließ das nicht gelten. »Es gibt nichts Undeutscheres als den Tango. Der Deutsche muss ständig etwas erklären. Aber Tango, das ist Sprechen, ohne etwas Exaktes zu sagen, verstehst du, Tango ist … wie wenn man im Traum spricht.«

Angestachelt von Karls Euphorie, erwiderte Baptiste: »Lass es uns noch einmal versuchen.«

Oblivion erklang zum zweiten Mal, und diesmal ging es besser. Baptiste ließ sich von Karls Armen führen. Der jüngere Mann geriet außer Atem, der ältere nicht.

»Hast du die Absicht, für immer so weiterzutanzen?«, fragte Baptiste.

»Bis in alle Ewigkeit.« Karl führte ihn in eine schwungvolle Rechtsdrehung.

»Das klappt leider nicht. Ich muss doch morgen auf die Bahamas.«

Karl machte einen Seitwärtsschritt. »Wann geht dein Flieger?«

»Sehr früh.«

Karl blieb stehen. Der zitternde Ton der Geige stand im Raum. Mit unverhohlener Traurigkeit sah er seinen Tänzer an. »Du bist schöner, als es erlaubt ist. Du wirst auf den Bahamas alle verrückt machen.«

»Danach komme ich schnell zu dir zurück.«

Mit einem Mal musste Karl sich setzen.

»Was hast du?«

Karl wandte den Kopf ab.

»Was ist denn?«

»Wo habe ich das gelesen? *Das Klopfen seines bis zur Erschöpfung erregten Herzens war nichts weiter als Liebe. Er liebte. Doch sein Traum, seine Sehnsucht nahm Abschied von ihm.*«

»Ist das wahr?«, fragte Baptiste. »Du liebst mich so sehr?«

Augenblicklich wechselte Karl auf eine nüchternere Tonart. »Wovon redest du? Irgendwer hat das geschrieben. Was habe ich mit diesem Schwulst zu tun?« Sein Blick fiel aus dem Fenster. »Wie schnell das dunkel geworden ist.«

»Müssen wir uns nicht umziehen?«

»Wozu?«

»In Monaco ist Karneval. Ich wollte eigentlich etwas anderes tragen als eine Badehose.«

»Du willst dich verkleiden?«

»Der Fürst hat uns ermuntert, heute nicht Schwarz-Weiß zu tragen.«

»Der Fürst hat als Gastgeber das Privileg, den Mummenschanz nicht mitzumachen.«

Zusammen liefen sie nach oben. »Zieh an, was du möchtest«, sagte Karl. »Ich werde trotzdem traurig sein.«

»Worüber?«

»Weil unser Fest, unser Karneval, zu Ende ist, vorüber.« Er küsste die Schulter des Jungen. »Weißt du, was danach kommt, Prinz Karneval? Die Zeit des Fastens.«

»Es ist nur eine Woche, Karl.«

»Wenn sie einem lang vorkommt, die Zeit, so ist sie lang. Und wenn sie einem kurz vorkommt ...«

Sie gingen in unterschiedliche Ankleideräume. Beim Ausziehen spürte Karl etwas in seiner Tasche. Die Zeichnung war es, auf ein Kuvert hingekritzelt. Sie stellte einen gestrickten Mantel dar, der seine Trägerin wie ein Schweinchen aussehen ließ.

»Ein Schweinchen ...«, murmelte Karl. »Und Lukacek wird es für mich stricken.«

KAPITEL 22

DAVOS, MÄRZ 2011

Karl wollte unverzüglich aus Davos abreisen. Die gesamte dreiköpfige Direktion des Hotels *Flüela* bemühte sich daher in die Suite und fragte, ob etwas nicht seinen Wünschen entspreche. Habe man nicht alles so arrangiert, wie Karls Assistentin es per Fax angeordnet hatte?

»Alles ist wunderbar. Trotzdem muss ich reisen.«

»Wohin denn, Monsieur?«

»In die Zivilisation.«

Der Maître mit dem gestutzten Schnäuzer runzelte über diese Herabsetzung von Davos die Stirn.

»Was ist hier in der Nähe?«, erkundigte sich Karl.

»Unsere Berge.«

»Ich meine eine Stadt.«

»Da wäre natürlich Chur …«

»Reden Sie keinen Unsinn, ich meine eine richtige Stadt. Wie weit ist es bis Zürich?«

»Vier Stunden, wenn …«

»Wunderbar. Dann buchen Sie mich nach Zürich.«

Die Herren sahen einander an. »Es ist dunkel, Monsieur.«

»Fahren eure Züge nicht bei Nacht?«

»Die letzte Bahn für heute wäre bereits abgefahren.«

»Wäre? Wieso wäre?«

»Wegen des Schneefalls.«

»Fällt bei euch nicht ständig Schnee?«

»Ja, aber nicht so stark wie heute. Die SBB befürchtet, dass der Schneedruck die Oberleitungen überlasten könnte.«

»Und weil die SBB das befürchtet, stellen die gleich den Betrieb ein?«

»Morgen werden die Leitungen überprüft, Monsieur, spätestens zu Mittag wird die Strecke wieder freigegeben.«

»Viel zu spät! Habt ihr hier einen Heliport?«, fragte er inquisitorisch. »Ihr werdet doch wohl einen Heliport haben.«

»Natürlich haben wir einen Hubschrauberlandeplatz, Monsieur, aber wie gesagt, es ist dunkel. Nachts fliegen die Helikopter nicht, erst recht nicht bei starkem Schneefall.«

»Das ist grauenvoll.« Karl war im Begriff, seine Tasche auf das Bett zu werfen, bremste sich aber; die Flakons hätten zerbrechen können. »Dann schicken Sie mir einen Wagen.«

Die Schweizer sahen einander betreten an. »Monsieur Lagerfeld, der Flüelapass ist seit November gesperrt, den Scalettapass haben wir letzte Woche schließen müssen. Bedauerlicherweise ist heute in Schliers auch noch eine Lawine abgegangen. Uns wurde versichert, bis morgen Nachmittag sei alles geräumt. Leider ...« Der mit dem Schnäuzer überließ dem nächsten Direktor das Wort.

»... leider sind das sämtliche Straßen, die nach Chur führen und von dort weiter nach Zürich.«

Sprachlos sank Karl in den Fauteuil.

»Dürfen wir Ihnen etwas auf dem Zimmer servieren? Auf Rechnung des Hotels natürlich.«

»Einen Revolver, damit ich mich erschießen kann.« Hinter der Brille schloss Karl die Augen. »Das ist alles so grauenhaft. Ich glaube nicht, je etwas Grauenhafteres erlebt zu haben.«

Am nächsten Morgen lautete die Auskunft, die Straße nach Chur werde erst in den Abendstunden freigegeben. Die Bahnlinie blieb ebenfalls gesperrt. Als Karl sich persönlich nach einem Helikopter erkundigte, lachte ihm der zuständige Mitarbeiter offen ins Gesicht.

»Bei dem Schneefall vereisen die Rotorblätter im Nullkommanichts.«

»Was machen Sie in einem dringenden Krankheitsfall, wenn es um Leben und Tod geht?«

»Wieso Leben und Tod?«, erkundigte sich der Schweizer.

»Wenn ich zum Beispiel operiert werden müsste.«

»Sie sollen operiert werden?«

»Rein hypothetisch!«

»Davos hat eines der besten Hospitäler der Schweiz, Monsieur.«

Schnaubend verließ Karl das Büro. Es war ihm unmöglich, gleich auf sein Zimmer zurückzukehren. Ein Blick durch die gläserne Hotelfront: Es schneite in dichten Flocken. Karl hatte Schnee im Allgemeinen gern, nur den matschigen Schnee in Paris hasste er. Das da draußen war dagegen wie ein Wintermärchen. Er schluckte seinen Groll, nicht bestimmen zu können, was er wann, wie und wo unternahm, hinunter und fügte sich in sein alpines Schicksal.

In der hoteleigenen Wintersportabteilung ließ er sich Schneeschuhe aus gebogenem Holz und Lederstreifen anpassen. So gerüstet, trat er, dick vermummt, ins Weiße. Schnee in Massen, hoher Schnee, durch den enge Kanäle kreuz und quer durch das Dorf freigeschaufelt worden waren. Karl stapfte drauflos, bis er das Dorfende erreichte.

Dort hörten die geräumten Wege auf. Er nahm die Herausforderung an. Mit den geflochtenen Schneeschuhen vermochte er auf der überfrorenen Decke zu laufen. Sein geringes Gewicht verhinderte, dass er einbrach.

Kaum hatte er die Senke verlassen, blies ihm der Schneesturm ins Gesicht. Karl fühlte den Ehrgeiz, sich mit den Elementen zu messen. Es war ein besonders kalter Tag, wenigstens fünfzehn Grad unter Null. Eisböen aus allen Richtungen, Flockentanz, das Nichts, das weiße, wirbelnde Nichts! Karl war über siebzig Jahre alt, trotzdem fühlte er sich dem Schneetreiben gewachsen. Er empfand weder Furcht noch Wut noch Schwäche. Umhüllt von wirbelnder Pracht lief er immer tiefer hinein in die gleichgültig bedrohliche Landschaft, gegen den Wind, gegen die Kälte.

Schneetreiben, Unfugtreiben, Unvernunft, dachte er und bekämpfte beginnende Unklarheit auf fieberhafte Art. Um sich in einer Lage zu befinden, musste man liegen, dachte er. Schon haute der Wind Karl von den Füßen. Da lag er – und mit einem Mal hörte der Wind auf, er fiel in sich zusammen wie ein eisiger Mantel.

»Urschweigen«, murmelte Karl. »Nicht eine Vogelstimme.« In seinem ganzen Leben hatte er nie solche Stille gehört. Er empfand absolute Freiheit. Wenn er hier verschwand, bedeckt von der weißen Macht, wäre sein Tod ein grandioser Abgang. Sobald sein Leben vorbei war,

war das Ganze vorbei: das Haus Chanel, der weiß gepuderte Zopf, die Sonnenbrille, seine ganze Welt. Mit seinem Tod würde es nichts mehr davon geben.

Karl blickte an sich hinunter. Sein Unterleib war bereits zugeschneit, nur der schwarze Anorak von Yamamoto ragte noch aus dem Schnee. Ihm gefiel es hier. Das Vergehen im Schnee war doch etwas Erhabeneres als ein schwarzer Sarg mit silbernem Kreuz und den Buchstaben R. I. F., Ruhe in Frieden. Karl richtete seine Augen in die Höhe. Der Himmel graute, oder war das schon die Dämmerung? Ein unvergesslicher Anblick.

Ein Wildhüter fand Karl eine Stunde später. Man brachte ihn in die Hochgebirgsklinik. Die von Erfrierung betroffenen Extremitäten behandelte man mit warmem Wasser und Antiseptika, es folgte ein Debridement, um die Entstehung von Frostbeulen zu verhindern. Karl war bei Bewusstsein und ließ alles über sich ergehen. Was er da draußen im Schnee geträumt hatte, war im Verblassen begriffen. Was er gedacht hatte, verstand er schon nicht mehr, und es verschwand gänzlich, als er abends den Anruf von Baptiste erhielt, der zu ihm in die Schweiz eilen wollte.

»Du fliegst gefälligst nach L. A.«, widersprach Karl. »Das nennt man Professionalität, die ich von dir erwarte.

Ich kuriere mich aus, und in fünf Wochen sehen wir uns wieder.«

Sekundenlang blieb es still.

»Mit trotzigem Schweigen erreichst du bei mir nichts«, sagte Karl.

»Da ist noch etwas anderes. Ich habe eine Katze.«

»Ich weiß.«

»Sie heißt Choupette.«

»Niedlich.«

»Sonst, wenn ich auswärts arbeite, hat meine Nachbarin auf sie aufgepasst. Aber die Frau muss ins Krankenhaus zu ihrem krebskranken Mann … Kurz und gut, sie kann sich diesmal nicht um die Katze kümmern. Da dachte ich …«

»Ja?«

»Dein Haus ist so groß. Choupette würde dich bestimmt nicht stören. Sie ist ganz lieb und verschmust.«

»Nichts, was man als *verschmust* bezeichnen könnte, hat jemals in meinem Haus gewohnt.«

»Leider kann ich nur in der Nacht ungestört spazieren gehen, weil mich sonst Krethi und Plethi erkennen.« Karl justierte Choupettes Halsband, es war schwarz und mit Diamanten besetzt. Er machte die cremefarbene Leine daran fest. Die gesamte Ausstattung war in den Werkstätten von Chanel angefertigt worden. Ein Mäntelchen aus mitternachtsblauer Baumwolle schützte Choupettes Rücken und Bauch vor der Kälte.

Karl hob die Sonnenbrille an und sah sich nach allen Richtungen um. »Die Luft ist rein.« Ein winziger Zug an der Leine – Choupette machte einen Satz auf den Gehweg und rannte los. Karl hatte Mühe, mit ihr Schritt zu halten.

»Du willst zum Champ-de-Mars?«, deutete er die eingeschlagene Richtung. »Ein bisschen Eiffelturm-Tourismus? Das ist aber ziemlich weit für einen kleinen Vierbeiner.«

Karls Absätze hallten auf dem nächtlichen Pflaster, er lief hinter der Katze mit dem dunkelblauen Mantel her.

»Ich habe Baptiste nicht gefragt, wie alt du eigentlich bist. Nach deiner Energie zu schließen, musst du blutjung sein.«

Karl und Choupette liefen durch symmetrisch angeordnete Alleen. Der stählerne Turm blieb in einiger Entfernung.

»Ich bin noch nie oben gewesen, glaubst du mir das?«, fragte er. »Eigentlich sollte das Ding nach der Weltausstellung wieder abgerissen werden. Aber was willst du machen? Die Welt liebt den Eiffelturm nun mal.«

Sie verließen den Park und erreichten den Fluss. Der *Pont de l'Alma* stand bis zu den Schultern im Wasser. In der Brückenmitte setzte sich Choupette hin und sah zu Karl hoch.

»Was ist denn?«

»Mau.«

»Bist du müde?«

»Mau.«

»Das kann ich verstehen. Wir sind eine ordentliche Strecke gelaufen. Aber für diesen Fall habe ich vorgesorgt.« Er fasste in seine Tasche, brachte Wildlederhandschuhe zum Vorschein und bückte sich. »Ich biete mich Mademoiselle als Träger an.«

Zu Hause im Palais gefiel es Choupette nicht, getragen zu werden. Sie und Karl hielten respektvollen Abstand zueinander. Wenn er abends vor dem Zubettgehen eine Tasse heißes Wasser trank, leistete ihm Choupette auf dem Sofa in angemessener Distanz Gesellschaft. Wenn er am Schreibtisch zeichnete, hatte er ihr ein Plätzchen nicht unter, sondern auf dem Tisch freigeräumt. Sie mochte das Geräusch des Filzstiftes, vielleicht auch dessen Geruch.

Karl hatte bei der Arbeit neuerdings zu sprechen begonnen, was sonst nicht seine Art war. »Wir könnten da noch eine schwarze Applikation ansetzen, am besten diagonal«, schlug er vor. »Ja, ein diagonaler Abnäher aus Organza. Es muss unbedingt Organza sein.«

Sobald etwas fertig war, zeigte er Choupette das Ergebnis. »Wir liegen gut in der Zeit. Wir liegen ausgezeichnet in der Zeit.« Gefolgt von ihr, verließ er die Bibliothek, um im Ritz anzurufen und ein Menü für sie beide zu bestellen.

Trotz solcher Gemeinsamkeiten blieben sie unabhängig voneinander und agierten individuell. Choupette saß gern auf der Schwelle zur Terrasse und beobachtete die Vögel. Fiel die Dämmerung ein, war ihr Lieblingsplatz Karls Art-déco-Sessel, darüber gab es keine Diskussion mehr. Er selbst nahm mit dem Armstuhl Louis' XVIII. vorlieb, auf dem sonst nie jemand saß, weil er unbequem war.

Im Lichte ihres respektvollen Zusammenlebens erschien es Karl natürlich, Choupette erst um Erlaubnis zu fragen, ob er sie hochnehmen durfte. Auf der Brücke war es kühl geworden, beide wollten nach Hause. Mit seitlich gelegtem Kopf erteilte sie ihm Erlaubnis, sie auf dem Rückweg zu tragen.

»Merci, Mademoiselle.«

Choupette war leichter als gedacht, das lange Fell ließ sie mächtiger erscheinen, als sie war. Karl fühlte eine irritierende Wärme in sich erwachen. Ihn überfiel eine seltene Zärtlichkeit. Behutsam hielt er die Katze im Arm, Choupette legte den Kopf an seine Schulter. Zusammen strebten sie in die Rue de l'Université zurück, wo es warm und gemütlich sein würde.

Sie kamen ins Gewirr der Straßen hinter dem Quai d'Orsay, wo viele Nachtschwärmer unterwegs waren. Eine Gruppe asiatischer Mädchen lachte vor dem Stand eines Obsthändlers; eine trug einen silbernen Halbmond auf der Stirn. Breitere Gassen, noch mehr Gedränge. Die Läden waren längst abgeräumt. Nur eine Bäckerei hatte noch offen, die Schlange davor war lang. Vor dem Restaurant daneben fegte ein junger Mann Sägespäne aufs Trottoir. Ein Antiquitätengeschäft fing Karls Aufmerksamkeit. Der Laden schien mehrere Zimmer tief zu sein, ganz hinten brannte eine Glühbirne. Vor dem Eingang waren Stühle mit rosa Polsterung gestapelt. Karl berührte die brüchige Seide. »Nur einen Augenblick«, entschuldigte er sich bei Choupette. »So einen Bezug hatten die Stühle im Esszimmer meiner Mutter.«

In der Tiefe des Geschäfts hob jemand den Kopf, sah Karl an und erkannte den Mann mit dem weißen Zopf. Karl lief weiter. Vorübergehende musterten ihn. Er glaubte eine Abkürzung zu kennen und warf einen Blick in die schmale Gasse, die im Schatten einer Mauer verschwand. Er trug Choupette hindurch, bis er auf eine Buchhandlung stieß, die ihm bisher nie aufgefallen war. Eine unbekannte Buchhandlung besaß eine unwiderstehliche Anziehung auf Karl.

»Würde es dir etwas ausmachen, wenn wir kurz …? Es dauert bestimmt nicht lange.«

Choupettes Kopf war hinter Karls Mantelkragen verschwunden. Er betrat das Geschäft. Keine Automatiktür, kein elektronisches Dingdong, stattdessen eine altmodische Glocke, die beim Eintreten läutete. Choupettes Ohren zuckten hoch. Drinnen war es so dunkel, dass Karl keine andere Möglichkeit sah, als die Sonnenbrille abzunehmen. Hinter dem Tresen stand ein Mann mit gescheiteltem grauem Haar. Ein erloschener Zigarrenstumpen hing in seinem Mundwinkel. Er war dabei, Papierschilder mit Leim zu bestreichen. Das war für Karl ein Bild zum Entzücken. Hier gab es jemanden, der keinen Scanner über einen Strichcode hielt und das unangenehme Piepen abwartete, hier beschilderte ein Buchhändler seine Bücher mitten in der Nacht noch von Hand.

»Ich habe geschlossen«, sagte er.

»Die Tür war offen.«

»Die ist immer offen.« Der Mann musterte den Besucher mit der Katze. »Aber da Sie schon mal hier sind … Suchen Sie etwas Spezielles?«

»Nein, ich …«

Mit einer Geste bedeutete der Mann Karl, er könne sich umsehen.

Karl trat vor ein Regal beim Fenster, seine Augen glitten über die Buchrücken.

Ein Schmetterling tanzte auf dem matten Fensterglas. Augenblicklich erwachte Choupette und verlangte, zu Boden gelassen zu werden. Karl gehorchte. Gebannt starrte sie zu dem Falter hoch, der noch vor Frühlingsbeginn in der Wärme zum Leben erwacht war. Mit einem Satz sprang Choupette auf das Fensterbrett, ihre Tatze fuhr hoch, die Krallen kratzten über das Glas.

Karl bemerkte den wachsamen Blick des Patrons. »Choupette, lass das. Runter mit dir.«

Sie dachte nicht daran, sich von dem interessanten Objekt trennen zu lassen.

»Verzeihen Sie«, sagte Karl zu dem Ladenbesitzer, der näher kam.

»Wie alt ist Ihre Katze?«

»Sie ist … noch ziemlich jung.«

Der Mann nickte. »Ältere Katzen sind zu bequem, um sich mit einem Falter abzugeben.«

»Besitzen Sie auch eine Katze, Monsieur?«

»Sogar vier.« Er lächelte. »Was führt Sie und Ihre Katze so spät hierher?«

Die Frage wäre einfach zu beantworten gewesen: Sie

machten einen Nachtspaziergang. Was Karl irritierte, war die Bezeichnung *Ihre Katze.*

»Meine?«, wiederholte er leise.

»Sie werden kaum mit einer fremden Katze durch die Stadt wandern.«

»Natürlich.« Karl erwiderte das Lächeln. »Natürlich ist das *meine Katze.*«

Dem Schmetterling gelang es zu überleben. Er entschwand in eine Höhe, wo Choupette ihn nicht mehr erreichte.

»Haben Sie etwas gefunden?«, fragte der Händler.

Da der nette Mann Karl Zutritt gewährt hatte, sollte er auch ein Geschäft machen. »Ich suche ein Exemplar von *Anna Karenina*, in einer Übersetzung, die noch von vor dem Krieg stammt.«

»Welcher Krieg?«

»Der Zweite Weltkrieg.«

»Vor neununddreißig also.« Der Patron wechselte zu einem anderen Regal. »Der Verlag, bei dem Tolstoi erschienen ist, hat dichtgemacht, als die Deutschen einmarschierten. Sie können also nur diese Ausgabe von Prospère meinen.« Mit einem Griff zog er ein ledergebundenes Buch hervor.

Karl warf dem Mann einen anerkennenden Blick zu und schlug das Impressum auf. »Tatsächlich, 1936.« Ein Mensch, der ein solches Fachwissen besaß, sollte heute

Nacht noch ein besseres Geschäft machen, fand Karl. Er hasste es, in Buchhandlungen auf Leute zu stoßen, die sich als Fachpersonal ausgaben, ohne es zu sein. Ignoranten, die sich die Namen der Autoren buchstabieren ließen, bevor sie sie in den Computer eingaben.

»Ich suche etwas für meine Katze.« Karl wies auf Choupette.

»Woran haben Sie gedacht? Ein Bilderbuch?«

»Ich stelle mir eher …« Ein kurioser Einfall. »Ich möchte Choupette etwas vorlesen. Es müsste etwas sein, wofür sie sich interessiert.«

Ein verschmitztes Lächeln überzog das Buchhändlergesicht. »Da habe ich etwas …« Flink, wie man es dem korpulenten Mann nicht zutraute, kletterte er auf die Leiter und präsentierte einen schweren Folianten.

»Die Fabeln?«, rief Karl überrascht. »Die Fabeln von La Fontaine?«

Der Patron händigte sie ihm aus. Das Buch war mit ganzseitigen Radierungen von Karls Lieblingsillustrator Doré versehen.

»Das ist großartig!« Mit wachsender Begeisterung blätterte er darin. »Der Stier und der Frosch. An diese Geschichte erinnere ich mich noch.«

»Sie kommt im wahren Leben häufig vor«, meinte der Buchhändler.

»Ein Frosch, der einem Stier an Größe gleichen will?«

»Leute, die sich so lange aufblähen, bis sie platzen.«

»Das stimmt! Besonders in Paris.« Sie lachten. Karl schlug eine ganzseitige Radierung auf, bückte sich und zeigte sie Choupette. »Würde es dir gefallen, wenn ich dir diese Geschichte vorlese?«

Choupette schnupperte an der alten Buchseite. »Mau.«

»Ich nehme es.« Karl griff in die Tasche.

Der Buchhändler schien über den raschen Entschluss fast erschrocken zu sein. »Das ist ein Unikat, Monsieur. Es gibt von dieser Ausgabe nur noch wenige Exemplare auf der ganzen Welt.«

»Ich nehme es. Was kostet es?«

»Tausendfünfhundert Euro, Monsieur.« Er hob die Schultern. »Falls Sie es sich noch überlegen wollen …«

»Der Preis ist gerechtfertigt.« Karl wollte ihm seine Kreditkarte geben.

»Oh, das tut mir leid, Monsieur. Bei mir ist nur Barzahlung möglich.«

»Aber ich laufe mitten in der Nacht doch nicht mit fünfzehnhundert Euro herum.« Karl gab das Buch zurück. »Was halten Sie davon, wenn ich morgen jemand mit dem Geld vorbeischicke, der es abholt?«

»Nehmen Sie es nur mit, Monsieur. Bezahlen können Sie morgen.«

»Das ist ein außergewöhnliches Exemplar«, entgegnete Karl verwundert. »Ich könnte sonst wer sein. Ich könnte morgen einfach nicht auftauchen.«

»Nein, Monsieur, wer dieses Buch um diese Uhrzeit erwirbt, der hält sein Wort.«

Karl war bewegt vom Verhalten des Mannes und dachte, er müsste eigentlich öfter hinausgehen in die Welt, um Menschen wie diesen Buchhändler kennenzulernen.

»Wenn Sie mir nur Ihren Namen aufschreiben«, sagte der Mann und legte Block und Stift bereit. Karl tat es und gab beides zurück.

»Ist das ein deutscher Name?«, fragte der Buchhändler. Er wusste immer noch nicht, wer vor ihm stand.

»Ich lebe schon lange in Paris.« Karl nahm Choupette auf den Arm. »Bitte erlauben Sie mir, das Buch hierzulassen. Ich muss jetzt diese müde Demoiselle nach Hause tragen. Sie können sich darauf verlassen, dass ich es morgen abhole.«

KAPITEL 23

PARIS, ACHT TAGE SPÄTER

In den Jahren bevor Karl sich einer Katze widmete, die ihm nicht gehörte, hatte er unter anderem das Label Karl Lagerfeld gegründet, bei dem er extravagante Strickmode präsentierte. Aufsehen erregte seine Zusammenarbeit mit dem schwedischen Discounter H&M, für den er Damen- und Herrenmode entwarf und außerdem ein Parfum namens *Liquid Karl* kreierte.

Karl entwickelte ein Label namens *Karl*, unter dem prestigeträchtige Mode für die Massen entstand. Eine höherpreisige Kollektion kam unter dem Namen *Karl Lagerfeld Paris* auf den Markt. Ladengeschäfte in London, Berlin, Düsseldorf, München, Amsterdam, Antwerpen und Kopenhagen entstanden, weitere in Russland, Saudi-Arabien, Katar, China und den USA. Allein in den Vereinigten Staaten wurde durch *Lagerfeld Paris* ein Umsatz von fünfzig Millionen Dollar erwirtschaftet. Bald darauf folgte die Kinderkollektion *Karl Lagerfeld Kids*. Er vergab eine Schuhlizenz an die Overland Shoes Ltd. und kreierte in Zusammenarbeit mit Swarovski eine Schmuckkollektion für Damen.

Neben Kollektion und Vertrieb seiner Eigenmarken kreierte Karl acht Kollektionen für Chanel, zwei für Fendi, sowohl Haute Couture als auch Prêt-à-porter.

Er trat in einer Fernsehserie über die Geschichte der Mode auf, entwarf die Bühnenoutfits für Madonna und Kylie Minogue und brachte einen Teddybären im Lagerfeld-Outfit auf den Markt. Für Coca-Cola entwarf er eine neue Flasche, weil ihm die alte nicht gefiel.

Wurde es heutzutage Abend, verließ Karl sein Atelier und freute sich auf die heilige Stunde mit Choupette. Weder durch einen Anruf des Papstes noch durch einen Meteoriteneinschlag hätte er sich während dieser Zeit stören lassen. Dann setzten sie sich zusammen, und Karl las ihr aus den Fabeln vor.

»Was suchen wir heute aus?« Er blätterte. »Wie wäre es mit der Geschichte vom verliebten Fuchs?«

Choupette warf einen fachmännischen Blick auf die Illustration und war einverstanden. Die Fabel erzählte von dem Fuchs, der die Liebe eines Mädchens erringen wollte. Das Mädchen versprach ihm ihre Liebe unter der Bedingung, der Fuchs solle sich die Krallen schneiden und die Zähne abfeilen lassen, um sie nicht zu verletzen. Der verliebte Fuchs tat, was sie befahl. Nun, da er sich nicht mehr verteidigen konnte, hetzte das Mädchen die Hunde auf ihn.

»Was lernen wir daraus?«, fragte Karl. »Dass man sich in der Liebe niemals zähmen lassen darf. Die Liebe muss immer mit offenem Herzen und aus freien Stücken entstehen.« Er sah in die verzaubernden Augen dieser Katze. »Findest du nicht auch?«

Ihr Blick sagte Ja.

»Danke«, antwortete Karl.

Das Telefon klingelte.

Das Telefon klingelte sonst nie, weil jeder wusste, dass Karl nicht drangehen würde. Es klingelte weiter, nerviger, drängender. Unwillig hob Choupette den Kopf.

»Nicht doch, aber nicht doch«, beruhigte Karl sie. »Wir lassen uns unsere heilige Stunde nicht durch einen dummen Anruf kaputt machen. Es hört sicher gleich auf.«

Es klingelte weiter.

Ungeduldig tappte Choupette mit der Pfote auf das aufgeschlagene Buch. Karl sprang auf und lief zum Apparat, der versteckt hinter einer Blumenvase stand, nahm den Hörer ab und legte sofort wieder auf. Er fand das noch nicht sicher genug, verfolgte das Kabel bis zu dessen Ende und zog den Stecker heraus. »So. Das sollte genügen.« Er kehrte zu Choupette zurück. »Wo waren wir?«

Karl las als Nächstes *Der Adler, die Wildsau und die Katze*, doch hatte er den Eindruck, dass Choupette nicht recht bei der Sache war. Geschichten über Katzen schienen sie zu langweilen.

»Wie wäre es mit *Der Elefant und der Affe Jupiters*?«

»Mau.«

»Das heben wir uns aber für nach dem Essen auf.«

Das Ritz lieferte pünktlich. Karl erklärte dem Kellner, dass er das Anrichten selbst besorgen würde. Karl Lagerfeld, der sonst jedermann offen seine Meinung sagte, hatte dem Ritz-Personal verschwiegen, dass das zweite Menü für eine Katze war, da er fürchtete, trotz der Exquisität des Restaurants doch nur Katzenfutter zu bekommen. Das Arrangieren der Gerichte gab ihm außerdem die Möglichkeit, Kartoffeln oder Nudeln von Choupettes Teller zu entfernen.

Karl Lagerfeld hantierte in der Küche! Es war eine Lebensumstellung, so gravierend, als würde er einen Karatekurs besuchen. Das heutige Menü begann mit rohem, fein geschnittenem Fisch, angerichtet auf einem Bett aus Kaviar. Weil der Kaviar salzig war, packte Karl ihn auf seinen eigenen Teller. Die Toastscheiben zur Vorspeise ließ er aus Diätgründen für sie beide weg. »Keine Angst, es gibt noch einen zweiten Gang.«

Der Hauptgang war eine Seezunge mit Pilafreis und einer Orangen-Avocado-Soße. Während der Vorbereitungen erlaubte Karl Choupette, auf die Anrichte zu springen. »Aber lauf nicht zwischen den Tellern umher. Wenn du mich beim Kochen störst, dauert es nur länger.«

Sobald er fertig war, sprang Choupette zu Boden und flitzte voraus in den Salon.

Das Mahl begann. Während sie schmausten, klingelte es. Karl warf einen irritierten Blick auf das stillgelegte Telefon, identifizierte das Geräusch dann aber als das der Türklingel, die ebenfalls praktisch nie läutete. Die handverlesenen Menschen, die zum Haus Zutritt hatten, kannten den Schlüsselcode und ersparten Karl die Mühe, zur Tür zu laufen.

»Das darf doch nicht wahr sein«, seufzte er, als der schrille Lärm nicht endete, und warf die Serviette hin. »Bitte entschuldige.«

Karl eilte aus dem Salon, die Treppe hinunter, durch das Foyer und den kleinen Vorraum, in dem man schmutzige Schuhe ausziehen musste, öffnete die Sicherheitsverriegelungen und riss die Tür auf. »Ja?«

»Guten Abend«, sagte eine afroamerikanische Frau mit englischem Akzent. Sie trug einen Hosenanzug, darüber eine Lederjacke.

»Wer sind Sie?« Karls Ton war scharf.

»Ich habe versucht anzurufen.«

»Das habe ich nicht gefragt. Ich möchte wissen, wer Sie sind.«

»Ich bin Joëlle Revenaux.«

Was für ein affiger Name, dachte er. »Ich bin beim Essen.«

»Ich störe ungern, aber ich komme im Auftrag von Baptiste Giabiconi.«

Ein Moment der Irritation. »Das halte ich für unwahrscheinlich. Baptiste hätte mir ein Fax geschickt.«

»Er hat Ihnen eine Mail geschrieben.«

»Ich lese meine Mails niemals selbst.«

»Baptiste stand leider kein Faxgerät zur Verfügung. Deshalb schickt er mich.«

»Wo ist Baptiste?«, entgegnete Karl eine Spur freundlicher.

»In Irland.«

»Bitte wo?«

»Die Maschine aus Los Angeles hatte Triebwerksschaden und musste in Shannon zwischenlanden. Deshalb ist es ihm unmöglich, morgen in Paris zu sein.«

»Wieso morgen? Das Fotoshooting soll noch eine ganze Woche dauern.«

»Sie sind mit der Arbeit in L. A. schneller fertig geworden. Er wollte Sie damit überraschen. Baptiste hatte vor, heute zu kommen, um Sie wiederzusehen und die Katze abzuholen.«

»Abzuholen?«, wiederholte Karl, als sei es ein Wort aus einer untergegangenen Sprache. »Choupette ... abholen?«

»Er hat Ihre Geduld lange genug in Anspruch genommen, meint er. Sie sind gewiss froh, die Katze loszuwerden.«

Karl riss sich zusammen und antwortete, wie der *wahre* Karl geantwortet hätte. »Choupette ist tatsächlich eine Nervensäge, das können Sie Baptiste ausrichten.«

»Ich soll Ihnen sagen, er kommt morgen Nachmittag, holt die Katze und nimmt ihre Sachen mit. Falls sie etwas kaputt gemacht hat, möchte er den Schaden wiedergutmachen.«

Karl antwortete, er freue sich auf Baptiste, schloss die Tür und legte alle drei Riegel vor. Er blieb dort stehen, langsam sank seine Stirn gegen das Holz. »Morgen«, murmelte er. »Morgen schon.«

Hinter sich hörte er ein leises »Mau«. Mit fragendem Blick stand Choupette am oberen Treppenabsatz.

»Ich bin gleich bei dir«, murmelte er, ohne sich umzudrehen; Choupette sollte ihn so nicht sehen. »Gleich. Gleich ... beenden wir unsere Mahlzeit.« Er hielt beide Hände vor Mund und Nase und atmete mehrmals hinein. Abgrundtiefe Angst befiel ihn. »Es scheidet das Herz sich vom Herzen«, murmelte er und wischte die Tränen aus den Augen. »Niemals ein Glückstreffer. Niemals ...«

An Choupettes Seite kehrte er in den Salon zurück. Er rechnete damit, dass sie ihren Teller säuberlich aufgeleckt hatte, doch es war alles noch so, wie er es zurückgelassen hatte. Planlos blieb Karl in dem riesigen Raum stehen. »Hast du keinen Appetit?«

»Mau.«

»Ich könnte jetzt auch keinen Bissen hinunterkriegen.« Sein Blick fiel auf den Flügel. Wie zu allen Zeiten lagen die Noten von *Pour toi* aufgeschlagen da. Karl öffnete den Deckel und spielte mit einem Finger die Melodie. *»Pour toi, mon amour.«* Er sah Choupette an. »Und das alles wegen einer Katze!« Er lachte verzweifelt. »Wegen einer Katze, die mir nicht einmal gehört.«

Tief in der Nacht empfing Karl Besuch. Er bedankte sich bei Martine, dass sie noch vorbeigekommen war.

»Was ist passiert?«

Er bat sie leise in die Bibliothek. Choupette schlief bereits in Karls Sessel.

»Niemand könnte glücklicher darüber sein, allein zu leben als ich«, begann er. »Es wäre mir vollkommen unmöglich, ständig jemanden um mich zu haben. Dieses Haus ist meine Zuflucht. Ich genieße es, in diesem Haus die Tür hinter mir zu schließen und der Stille zu lauschen.«

»Und jetzt genießen Sie das nicht mehr?« Nach seinem Anruf hatte Martine mit einem Problem wegen der neuen Kollektion gerechnet, das er unbedingt sofort besprechen müsse. Doch was nun geschah, fühlte sich vollkommen anders an.

»Werde ich altersmilde?«, fragte er in verändertem Ton. »Leide ich unter plötzlicher Gehirnerweichung?«

So hatte Karl noch nie zu Martine gesprochen. Stets war er die Nabe des Rades, alles rotierte um ihn, während er seine lässige, spöttische Haltung niemals aufgab. Mit dieser Nonchalance steuerte er nun schon in sein achtes Lebensjahrzehnt. Die Ikone Karl veränderte sich nicht. Der gepuderte Zopf, die Sonnenbrille, der Maßanzug, das alles ergab das selbst geschaffene »Mysterium Karl Lagerfeld«, worum ihn viele beneideten. Er hasste jegliche Nabelbeschau, verabscheute es, wenn andere Leute ihr Innerstes bereitwillig nach außen stülpten. Karls Gefühle waren seine Sache, er wollte niemanden damit langweilen. Und doch sprach er heute mit einer Offenheit, die Martine zunächst unangenehm war, sie gleich darauf rührte und ihr Herz, das ihm seit Langem gehörte, vollends für ihn öffnen ließ. Karl *liebte*! Das hatte sie öfter schon erlebt, aber nun stand Karl fassungslos vor der Situation, unglücklich zu lieben.

»Ich weiß nicht, was ich machen soll«, sagte der Mann, der sonst immer wusste, was er als Nächstes tun würde.

Denn nur was man *tat*, gab dem Leben Sinn. Das Leben war eine Idee, die verwirklicht werden wollte, und Karl war dazu da, sie zu verwirklichen. Wenn eine Liebe nicht den Verlauf nahm, den er sich wünschte, hatte er sich diese Liebe bei anderen Gelegenheiten einfach aus dem Herzen gerissen. Doch diesmal wirkte er hilflos. Er wollte Choupette um sich haben, Tag und Nacht, wollte für sie da sein, ihr seine Liebe vorbehaltlos schenken. Karl war verzweifelt, weil sein Liebesglück mit dem morgigen Tag enden sollte.

KAPITEL 24

In dieser Nacht träumte Karl wild und wirr. Im Traum wollte er sich um Choupette duellieren. Baptiste und er trugen zu diesem Anlass höfische Kostüme aus der Epoche Ludwigs XVI., sie standen auf freiem Feld und schrien einander Beschuldigungen entgegen.

»Wie belieben Sie sich auszudrücken?«, rief der schöne junge Mann im roten Rock des Herausforderers.

»Ich drücke mich dahin gehend aus, dass ich entschlossen bin, Sie daran zu hindern, ein Wesen, an dem mein Herz hängt, aus meiner Obhut zu entfernen!«, entgegnete Karl. Selbstredend trug er auch im Traum Schwarz, mit weißem Plastron. Die weiß gepuderte Frisur entsprach der Epoche.

»Ich fordere Sie auf, Ihre Worte mit Sorgfalt zu wählen!«, entgegnete Baptiste hochgestochen.

»Meine Worte werden der Tatsache gerecht, dass Ihre Absicht, mir Choupette zu rauben, eine Infamie ist und mit Worten nicht streng genug gezüchtigt werden kann.«

»Sie zeihen mich des Raubes meiner eigenen Katze, Monsieur, die ich Ihnen in gutem Glauben anvertraut habe?«, konterte Baptiste. »Ein Freundschaftsdienst, um den ich Sie bat, reicht aus, Sie in Harnisch zu bringen und mir die Rückgabe meines Eigentums zu verweigern?«

»Choupette ist niemandes Eigentum«, ereiferte sich Karl. »Sie ist die Liebe meines Lebens!«

»Wie dem auch sei, wenn Sie von Ihrer Weigerung nicht Abstand nehmen, werden Sie die Konsequenzen zu spüren bekommen. Auch die Züchtigung, Monsieur, auch diese!«

»Sie sollen Genugtuung bekommen!«, rief Karl mit jugendlichem Feuer.

Martine tauchte in Karls Traum ebenfalls auf, aber nicht als sie selbst, sondern als Richterin in purpurnem Mantel mit Hermelinbesatz. »Er hat Sie gefordert«, sagte sie zu Karl. »Nehmen Sie an?«

Den Degen in der Hand, trat er vor sie. »Ich missbillige das Duell grundsätzlich, doch sich für die große Liebe zu duellieren ist Mannessache.« Er vollführte einen Ausfallschritt. »Wie gut, dass ich in meiner Jugend auf Bissenmoor ein wenig gefochten habe.«

»Baptiste will von Hieb und Stich nichts wissen«, entgegnete die Richterin. »Er besteht auf einem Pistolenduell.«

»Auch dazu bin ich bereit. In solchem Fall ist die Kugel oft der einzige Ausweg.«

Es war ein kalter, regnerischer Morgen. Martine setzte die Regeln fest. »Fünf Schritte Distanz, einmaliger Kugelwechsel.«

»Wo ist der Arzt?«, fragte Karl.

»Es besteht kaum Hoffnung, einen Arzt ausfindig zu machen, der bereit ist, einem Pistolenduell um eine Katze beizustehen.« Während sich Martine in die Position des Schiedsrichters begab, trug sie plötzlich Choupette auf dem Arm.

Karl trat vor seine große Liebe hin und verbeugte sich. »Ich werde Baptiste nicht töten. Ich werde mich seiner Kugel stellen, das gebietet die Ehre. Aber ich werde ihn nicht töten.«

»Das ist edel von Ihnen«, antwortete Martine an Choupettes Stelle. »Andererseits, wenn er Sie tötet, was dann?«

Die Kontrahenten begegneten einander im frostigen Wind. Stumme Verbeugung.

Martine machte einen letzten Versöhnungsversuch. »Meine Herren, ich bin überzeugt …«

»Sie werden Ihre Überzeugung ein andermal entwickeln.« Stolz hob Baptiste das Haupt. »Die Waffen, wenn ich bitten darf.«

Martine übergab die Pistolen. Die Distanz wurde eingenommen.

»Als Beleidigter steht mir der erste Schuss zu.« Baptiste hob die Pistole und schoss.

Karl zuckte, doch er fiel nicht. »Sie haben in die Luft geschossen!«, fuhr er seinen Gegner an.

»Ich schieße, wohin es mir beliebt!«, rief Baptiste.

»Sie werden noch einmal schießen!«

»Diese Pistole verfügt nur über einen einzigen Schuss. Die Reihe ist an Ihnen, Monsieur.«

Karl hob die Pistole und sagte: »Mehr Mut gehört dazu zu schießen, als auf sich schießen zu lassen.«

Er erwachte. Benommen setzte er sich auf. »Uuh, das war seltsam«, flüsterte er, taumelte aus dem Bett und zog die Vorhänge auf. Zartes Blau zeigte sich an diesem Aprilmorgen, keine Wolke am Himmel. Karl sah dem Tag trotzdem düster entgegen.

Während er und Choupette frühstückten, hörten sie, wie draußen der Schlüsselcode eingegeben wurde. Choupette hob den Kopf, ihr Blick verriet, dass sie ahnte, was bevorstand.

Im nächsten Moment stand Baptiste mit zwei Koffern im Salon, braun gebrannt und unerträglich guter Laune. »Karl! Choupette! Hallo!«

»Da bist du ja«, begrüßte ihn Karl. Er nahm an, Choupette würde überglücklich zu ihrem Herrn laufen. Doch sie blieb sitzen und wandte den Blick abwechselnd von einem zum anderen.

Karl ertrug es nur schwer, so viel Jugend in sein Heim einbrechen zu sehen, so viel kalte, sieghafte Jugend. Baptiste trug einen Paletot mit Salz-und-Pfeffer-Musterung, dazu einen himmelblauen Schal. Das unvergleichlich schöne Gesicht, der schmale Wuchs. Sonst hatte Karl diesen Jungen von allen Menschen am liebsten gesehen, aber nicht heute, heute zuallerletzt.

»Abgespannt siehst du aus«, begrüßte Karl den Eindringling.

»Ach ja, der Flug war die Hölle. Und in Shannon habe ich kaum geschlafen, der Jetlag, mein Hotelzimmer ...«

»Bedauerlich«, kürzte Karl das Geplänkel ab.

Baptiste war über die kühle Begrüßung irritiert, doch sein Gesicht hellte sich gleich wieder auf. Er ging in die Hocke und erwartete, dass die Katze auf ihn zulaufen würde. »Ja, wo ist sie denn? Wo ist die schöne Choupette?« Er breitete die Arme aus. »Komm zu mir, meine Süße!«

Unruhig begann die Katze auf dem Sofa hin und her zu rücken und mit dem Schwanz zu schlagen.

»Komm her, mein Liebling!«, lockte Baptiste. »Lass uns nach Hause gehen und nicht mehr so abgespannt aussehen, wie der liebe Karl behauptet.«

Karl hielt den Atem an, die Tränen drängten hoch,

er schob die Sonnenbrille zurecht. Choupette sprang vom Sofa und lief auf ihren Besitzer zu. Plötzlich drehte sie sich um und sah Karl an, mit Augen, die ihm das Herz zerrissen. »Sag etwas!«, sprach aus diesem Blick. »Tu etwas!«

Er sprang auf. Die Serviette rutschte zu Boden. »Baptiste, ich muss dir mitteilen …«

Der Junge lächelte über den formellen Ton. »Ja? Was möchtest du mir mitteilen?«

Choupette stand in der Mitte zwischen beiden.

Ein Pistolenduell, dachte Karl, von Mann zu Mann, einmaliger Schusswechsel, fünf Schritte Abstand. »Ach, nichts.«

In diesem Moment schämte er sich in Grund und Boden, weil er nicht um seine Liebe kämpfte. Er spürte, Choupette erwartete es von ihm. Es wäre auch keine große Sache gewesen: »Baptiste, es tut mir leid, aber Choupette gehört von nun an zu mir«, hätte er sagen müssen. Baptiste hätte zunächst wahrscheinlich Unverständnis gezeigt, am Ende aber Karl Respekt gezollt und seinen Wunsch erfüllt. Doch Karl schwieg. Nicht daran gewöhnt, für eine Liebe zu streiten, zog er es vor, sie zu verleugnen.

Choupettes Blick veränderte sich. Staunen und Enttäuschung lagen nun darin.

Karl wollte die Sache rasch zum Abschluss bringen.

Er nahm die Katze hoch, ohne sie um Erlaubnis zu fragen, und trug sie zu ihrem Besitzer. »Sie ist verwirrt, wie du siehst. Du warst zu lange fort. Aber das legt sich rasch.« Er wandte sich ab. »Kaffee?« Karl kehrte zum Frühstückstisch zurück.

Die Katze auf dem Arm, kam Baptiste hoch. »Nein, danke. Ich habe noch in der Stadt zu tun. Ich wollte dich nur von Choupette befreien und dann …«

»Mich von ihr befreien …« Abrupt richtete Karl sich auf. »Wie du willst. Ich muss selbst auch gleich in die Firma.« Mit gespielter Geschäftigkeit trank er seine Tasse aus. »Sonst noch was?«

»Wegen Choupettes Sachen …« Baptiste zeigte auf sein Gepäck. »Könnte ich das Zeug ein andermal holen?«

»Kein Problem. Ich schicke es zu dir rüber.« Ohne Choupette noch einmal anzusehen, ohne ein Wort des Abschieds wandte sich Karl zur Treppe und lief in den ersten Stock. Oben verharrte er regungslos und lauschte, wie zuerst die erste, dann die zweite, schließlich die Eingangstür zufielen. Er war allein. Allein in einem riesengroßen Haus.

IM HAUSE CHANEL, VIER WOCHEN SPÄTER

Die Kaffeemaschine lief im Dauerbetrieb. In der letzten Phase vor dem Defilee tranken die Chanel-Frauen literweise davon. Assistentin Nummer zwei eilte mit Modeschmuck zu Karl, Assistentin Nummer drei mit Kunstblumen. Sie hielten die Tabletts mit Geschmeide und Blüten so lange auf seiner Brusthöhe, bis er gewählt hatte. Karl wühlte zwischen Ringen und suchte kreuzförmige im Stile der spanischen Inquisition aus.

»Jeder Finger von Natascha muss mit Ringen bedeckt sein«, befahl er.

Natascha präsentierte einen schwarzen Mantel, der seitlich zu öffnen war, dazu schwarze Handschuhe. Ein ausladender schwarzer Tüll wurde darübergeworfen, dazu ein breitkrempiger schwarzer Hut. Ein Inquisitionsring kam auf den Ringfinger, einer auf den Daumen.

»Die Finger sehen nach wie vor nackt aus«, krittelte Karl.

Man stülpte eine Totenblume aus Perlen auf Nataschas Mittelfinger. Das Gewicht des Schmucks zog ihre Hand nach unten.

Ungeduldig klimperte Karl mit den Ringen an seinen Fingern. »Mehr. Mehr!«

Natascha wurde hinausgeschickt. Martine präsentierte ihm das nächste Mannequin in Schwarz. »Hier ist Agatha, Karl.«

Agatha trug ein schwarzes Gesteck im blonden Haar, Federn, die sich wie die Schlangen der Medusa um ihr Haupt wanden. Dazu eine schwarze Perlenkette und schwarz geschminkte Augen.

Ein Model namens Colette kam an die Reihe. Sie trug einen topfförmigen schwarzen Hut, der ihr rechtes Auge bedeckte. Das linke Auge war nur zur Hälfte frei. Als sie sich mit dem Hut vorbeugte, fiel die Applikation eines schwarzen Schwans zu Boden.

Ungehalten sagte Karl zu Colette: »Pass doch auf.« Dann fuhr er Martine an: »Wieso fixiert ihr das nicht besser?«

Inzwischen hatte Natascha sich umgezogen und erschien in einem schulterfreien schwarzen Paillettenkleid. Die Pailletten schimmerten violett.

»Die Farbe ist falsch«, kritisierte Karl. »Die Pailletten müssen in der Farbe der Wiener Bestattung schimmern. Nur die Friedhofswächter von Wien tragen diese besondere Farbe.«

»Dazu müsste ich fünfzehntausend Pailletten ändern«, gab Martine zu bedenken.

»Schon möglich, aber ich will nun mal die Farbe der Wiener Bestattung. Lasst euch etwas einfallen.«

Ein weiteres Mannequin erschien. Bei ihrem Anblick

erschrak Martine. »Um Gottes willen, was hast du denn an?«

Arielle trug ein fröhliches apricotfarbenes Kostüm, das die übrigen Modelle wie Totenvögel aussehen ließ. Rasch schickte Martine sie zum Umziehen. »In dem Chaos musste das ja passieren«, entschuldigte sie sich bei Karl.

Er war schon bei der Nächsten. »Das hier muss noch gestrafft werden«, kommentierte er ein Kleid, zu dem das Model schwarze Tüllhandschuhe bis zu den Schultern trug.

Martine nahm eine Näherin beiseite. »Du machst Folgendes: Zwischen den beiden sichtbaren Knöpfen montierst du einen unsichtbaren Druckknopf. Dann sieht das gestrafft aus, so wie Karl es möchte.« Die Näherin wollte sofort an die Arbeit gehen. »Moment. Zuerst machst du den Kragen fertig und die Knopfleiste als Letztes. Das Schwierigste immer zuerst. Und prüf den Umschlag der Manschetten noch einmal.« Martine musterte die schmale Schneiderin mit den geröteten Augen. »Wie geht es dir?«

»Geht schon.«

»Hältst du durch?«

»Aber ja.«

»Hast du genug getrunken? Du musst viel trinken.«

»Ich habe meinen Tee.«

»Mit Zucker?« Die Näherin schüttelte den Kopf.

»Pfeif auf deine Linie. Mach zwei Stück Zucker hinein, sonst kippst du um.«

»Was trinkst du denn, Martine?«

»Buttermilch. Mit vier Stück Zucker drin.«

Während Martine Karl ins Nebenzimmer folgte, wandte sich die Näherin zu Colette: »Sie ist Mutter Teresa. Es gibt keine Zweite wie Martine.«

»Hm«, machte das Model, während es hungrig auf ein Sandwich schielte, das neben ihr gegessen wurde.

Sie arbeiteten die Nacht durch, sie schleppten sich von Kleid zu Kleid, von Model zu Model. Karl schien das alles mühelos durchzuhalten. In Wahrheit war er in dieser Nacht lediglich dankbar für die Ablenkung. Er hoffte, den Schmerz vergessen zu können, solange er sich mit Stoffen, Farben, Ringen, mit Chaos, Verwünschungen und verzweifelten Näherinnen umgab. Was er sein Leben lang geliebt hatte, schob er heute zwischen sich und den Schmerz.

Doch kaum hatte er eine freie Minute, meldete sich der Schmerz zurück. Karl konnte niemandem in die Augen sehen, die Sonnenbrille wurde zum Überlebensrequisit. Während die Mannequins vor ihm wechselten, lehnte er sich an die Wand und schloss für Sekunden die Augen.

»Alles in Ordnung?«, fragte Martine.

»Natürlich.« Federnd lief er auf das Model zu.

Es wurde Morgen. Der Tag der Präsentation brach an. Sonst war Karl an diesem Tag der glücklichste Mensch. Denn nun kam endlich alles zusammen, die Kollektion, die Maske, die Frisuren, der Raum, der Laufsteg, das Licht, die Musik. Karl liebte vor allem die Generalprobe, wenn sämtliche Beteiligten seine Schöpfung nur für ihn vorführten. Er bewegte sich dann tänzelnd um den Laufsteg und genoss das Ergebnis. Er genoss sogar seine eigene Unzufriedenheit. Und er würde stets mit sich unzufrieden sein, weil man schließlich alles immer noch besser machen konnte.

Die heutige Generalprobe war in Unglück getaucht. Karl konnte sich nicht freuen, denn er dachte ständig an *sie*. In wenigen Stunden würde das Defilee vorbei sein, dann war er wieder allein in seinem großen Haus, mit seinen Gedanken und seinen toten Eltern, deren Schritte er in der Bibliothek zu hören glaubte. Karl fürchtete sich, nach Hause zu kommen. Ihm graute davor, dass Baptiste später unter den Zuschauern sitzen würde. Baptiste durfte den ganzen Tag um Choupette sein, mit ihr essen, plaudern, sich gemeinsam mit ihr schlafen legen. Baptiste hatte alles, während Karl nichts hatte. Er ließ die Generalprobe über sich ergehen wie das Jüngste Gericht. Der graue Klumpen in seinem Bauch würde nicht weichen, nicht heute Abend, nie mehr.

KAPITEL 25

DAS DEFILEE

»Ein paar Grundregeln, Messieurs.« Der Event-Manager wies die jungen Männer des Servicepersonals ein. »Wenn der Ansturm beginnt, bleiben Sie immer höflich. Bonjour, Madame, bonjour, Monsieur, darf ich Ihre Einladung sehen? Wenn einer seine Einladung nicht dabei hat, ist es unangebracht, ihn brüsk abzuweisen, damit stören Sie die Atmosphäre. Aber niemand wird Ihnen einen Vorwurf machen, wenn Sie jemanden ohne Einladung erst mal warten lassen, solange Sie höflich bleiben. Gibt es Fragen?«

Ein blonder junger Mann fragte: »Wenn wir jemanden zu einem besonders guten Platz führen, dürfen wir dann Trinkgeld nehmen?«

»Niemals und unter keinen Umständen. Das gehört nicht zum guten Ton bei Karls Show.«

»Aber wenn man uns ein Trinkgeld anbietet?«

»Junger Mann, Sie passen nicht hierher«, antwortete der Event-Manager. »Holen Sie Ihre Sachen, Sie können gehen.«

Das Palais de Chaillot, wo schon Claudia debütiert hatte, war bis zum letzten Platz ausgebucht. Die Fotografen und Kameraleute hatte man hinter eine Absperrung verbannt. Ihre Teleobjektive hatten die Größe von Kanonen. In der Mitte des weißen Laufstegs prangte das weltberühmte Logo, die ineinandergeschlungenen *Cs* von Coco Chanel.

Während Karls Mitarbeiter graue, erschöpfte Gestalten geworden waren, hatte er sich wieder im Griff. Karl tanzte im Licht. In diesen Stunden war sein Liebeskummer vergessen. Hinter der Bühne huschte er von Mannequin zu Mannequin und rief: »Ich habe da noch eine Idee!«

Rund um ihn stöhnten alle auf, doch Karl setzte auch die allerletzte Änderung noch durch. Er war von Kopf bis Fuß in Schwarz, kein weißer Kragen, keine weißen Manschetten. Wie eine Figur aus der griechischen Tragödie hatte er sich gekleidet, *Charon*, der Fährmann, der die Gestorbenen über den Totenfluss führte.

Die reichen Kundinnen, Stars und Journalisten strömten herbei. Oprah Winfrey war darunter, auch Liz Hurley, sie posierten für die Kameras. Man sah Johnny Depp,

Kristen Stewart und Robert Downey junior. Unerkannt versuchte Leonardo DiCaprio, sich zwischen den Reportern durchzustehlen. Er scheiterte, das Blitzlichtgewitter wollte nicht enden. Man sah Minister beiderlei Geschlechts, auf sie achtete kaum jemand. Unter strengen Sicherheitsvorkehrungen erschien der Staatspräsident Nicolas Sarkozy, an seiner Seite Carla Bruni. Seit sie verheiratet waren, seit Carla ihn nicht mehr als *offizielle Affäre* auf Staatsempfänge begleitete, hatte der Rummel um die beiden nachgelassen.

Martine gab hinter der Bühne Karls Frisur mit einer Extraportion Trockenshampoo den letzten Schliff.

»Nicht so viel«, murrte er. »Sonst sehe ich aus wie ein Schneemann.«

Er winkte das Model Colette heran: »Lass dir mehr Zeit beim Laufen. Du rast da immer so durch. Wir wollen doch nicht verheimlichen, dass du diesen Hut präsentierst, der mich an den Kochtopf meiner Großmutter erinnert. Lächle, Colette, selbst wenn dein Gesicht zur Hälfte versteckt ist, lächle. Aber kein kommerzielles Lächeln, wenn ich bitten darf, lächle mit dem freien Auge. Alles klar?«

Die Chefplatzanweiserin suchte Karl auf, da sie gerade festgestellt hatte, dass man Kristin Scott Thomas neben Hugh Grant setzen wollte, obwohl die beiden nicht miteinander redeten.

»Das musst du ändern«, befahl Karl. »Ich will keine schlechte Laune während meiner Show. Übrigens habe ich da noch eine Idee!« Er gab dem Maskenbildner die Anweisung, die schwarz geschminkten Augen der Models mit einem weißen Rand zu umgeben, der bis auf die Wangen reichte.

Der Event-Manager wusch seinem Team den Kopf, weil im Saal Personen gesichtet worden waren, die sich mit einem Trick hereingeschummelt hatten. »Jeden ohne Einladung schmeißt ihr sofort raus!«, widersprach er seiner ursprünglichen Anweisung.

»How clean, how faboulous«, urteilte Oprah über die reinweiße Dekoration, die in den Grande Salle des Palais gestellt worden war. Sanfte Geigenmusik im Stile Henry Mancinis sorgte für Gelassenheit in dem Ameisenhaufen. Allmählich fanden alle ihre Plätze, jene, die gesehen werden wollten, jene, die gegen ihren Willen unerkannt blieben, und solche, die ihren Sitznachbarn hassten.

Karl bestand auch an diesem Tag auf deutscher Pünktlichkeit. »Macht die Türen zu, wir fangen an.«

»Es sind einige wichtige Schauspielerinnen noch nicht eingetroffen«, gab Assistentin Nummer eins zu bedenken.

»Schauspielerinnen sind das Unwichtigste, was es auf dem Planeten gibt.«

»Es fehlen auch ein paar internationale Journalisten.«

»Die sind noch unwichtiger als Schauspielerinnen.«

Nummer eins versuchte es mit Vernunft.

»Karl, es regnet, die Leute stecken im Stau, sie bekommen vielleicht kein Taxi.«

»Die Leute sind unhöflich«, kanzelte er sie ab. »Ich dagegen habe nicht vor, unhöflich zu jenen Leuten zu sein, die pünktlich erschienen sind. Es ist sieben Uhr. Türen zu, und zwar sofort!«

Nummer eins lief los, um den Befehl umzusetzen.

Martine kümmerte sich währenddessen um die Models. »Warte, ich helfe dir«, sagte sie zu Colette mit dem Topfhut, die praktisch nichts sah. »Der Schal muss darunter sein, sonst fällst du auf die Nase.«

»Merci, Martine.«

Die Models standen in Reih und Glied, jede Sekunde ging es los.

»Wartet!«, rief Assistentin Nummer zwei, die Karl noch nie hatte leiden können.

»Was ist denn noch?« Selbst durch die Sonnenbrille hindurch war sein Blick tödlich.

»Julia Roberts ist gerade gekommen! Ihr Flug hatte Verspätung.« Nummer zwei fürchtete Blitz und Donner von Karl. »Soll sie draußen bleiben?«

»Bist du verrückt? Für Julia fliegen sämtliche Tore wieder auf. Wie kann man nur so saublöd fragen?«

Julia Roberts saß neben Kristin Scott Thomas, während Hugh Grant in eine hintere Reihe verbannt wurde.

Natascha, das Mädchen mit den tonnenschweren Ringen, trank ein Glas Champagner, das Karl ihr im letzten Moment reichte.

»Trink das. Tut dir gut.«

Ihr »Merci, Karl« ging in der wummernden Bassmusik unter. Die Show begann. Natascha lief als Erste los. Ihr folgten Colette und Arielle.

Der Raum hinter der Bühne leerte sich. Martine stand neben Karl. Langsam, kaum merklich sank er gegen ihre Schulter.

»Na dann …«, murmelte er.

EINE WOCHE SPÄTER

Baptiste stand in der Tür zu Karls Bibliothek. »Was hast du mit ihr gemacht?« Es war ein kalter Tag, der April gestattete dem Winter eine Zugabe, trotzdem erschien der Junge im Hemd, mit wirrem Haar und Espadrilles an den Füßen.

Karl saß am Schreibtisch. Die letzte Kollektion lag hinter ihm. Während reiche Kundinnen für manches Chanel-Kostüm achtundzwanzigtausend Euro hinblätterten, zeichnete Karl bereits die Mode von morgen. Den Filzstift in der Hand, blickte er auf. »Bonjour, Baptiste.« Es war zwei Uhr nachmittags. »Schon aufgestanden?«

»Was du mit ihr gemacht hast, will ich wissen!«

»Vielleicht verrätst du mir, von wem du sprichst.«

»Von Choupette selbstverständlich.«

Karl sprang auf. »Was ist mit ihr? Ist sie krank?«

»Das war auch meine Befürchtung. Deshalb war ich gerade beim Arzt mit ihr.«

»Und?« Karl lief auf ihn zu.

»Es ist alles in Ordnung. Aber irgendwas muss sie trotzdem haben! Der Doktor sagte: *Auch Katzen haben ein Gemüt.*«

Karl bot dem Jungen einen Platz in der Original-Hoffmann-Liege an. »Erzähl, was los ist.«

»Ich bin verzweifelt.«

»Nicht, was mit *dir* los ist!«

»Choupette ist in einem Zustand … Den ganzen Tag rennt sie in der Wohnung umher, als suche sie etwas. Sie springt in ihren Lieblingssessel, dreht sich im Kreis, lässt sich nieder, immer nur für Momente. Sie schläft nicht mehr im Körbchen bei mir im Schlafzimmer. Sie schläft, stell dir vor, unter der Spüle! Zu Beginn hat sie noch gefressen, aber seit gestern …« Er starrte Karl an. »Du musst etwas mit ihr gemacht haben.«

»Wieso ich?« Karl spürte ein seltsames Gefühl in sich aufsteigen, was war das? Undefinierbar, doch es war da. »Ich habe Choupette ganz normal gefüttert. Ich war auch mal mit ihr draußen, habe ihr aus einem Buch vorgelesen, nichts Besonderes.«

Baptiste stemmte sich aus der Liege wieder hoch. »Aber es muss etwas an dir, an deiner Person gewesen sein, das sie irritiert hat.«

»Wie kommst du auf diese Idee?«

»Weil ich in meiner Verzweiflung einmal deine Stimme nachgeahmt habe. Ich machte auf Lagerfeld! Ich habe irre schnell gesprochen, ich war kalt, knapp und zynisch, und das alles mit deutschem Akzent.«

»So siehst du mich – als deutschen Zyniker?«, entgegnete Karl.

»Du bist der Großmeister im Zynismus, weil du es schaffst, dabei immer noch sympathisch zu bleiben. Weißt du, was passiert ist, als ich auf Karl machte? Choupette kam angerannt, hat zu mir hochgestarrt und miaut. Als sie erkannt hat, dass nur ich es bin, ist sie in die Küche zurückgelaufen.«

»Das ist allerdings … ungewöhnlich.« Karl spürte dieses Gefühl nun im ganzen Körper.

»Hast du sie irgendwie … verzaubert?«, bohrte Baptiste nach.

»Unsinn. Ich war die ganze Zeit einfach nur … ich.«

»Einfach nur *du*?« Baptiste trat einen Schritt zurück. »O mein Gott!«

»Was?«

»Choupette hat sich in dich verliebt!«

»Ich bitte dich, bleib vernünftig. Verliebt?« Das Gefühl wurde stärker. Karl hatte den Eindruck, dass er sich langsam vom Boden erhob und zehn Zentimeter in der Luft schwebte.

»Ja! Aber ja!« Der Junge lief durch die Bibliothek. »Sie hat Liebeskummer. Sie vermisst dich. Deshalb frisst sie nicht mehr. Wenn man unglücklich verliebt ist, hat man keinen Appetit.«

»Sekunde«, sagte Karl, zehn Zentimeter über dem Boden. »Was gibst du Choupette denn zu fressen?«

»Dosen natürlich. Die besten Dosen, die man bekommt.«

»Dann verstehe ich einiges. Choupette und ich haben uns während der Wochen ausschließlich aus dem Ritz ernährt. In diesem Punkt habe ich sie möglicherweise ein bisschen verwöhnt.«

»Du warst mit einer Katze im Ritz essen?«

Karl erklärte ihm den Sachverhalt, ihre Menüs, ihre Vorlieben, ihre Abende. »Wo ist Choupette denn jetzt? Bei dir?«

»Nein, im Auto. Ich sagte doch, ich war mit ihr beim Arzt.«

»Du lässt das arme Tier in der Kälte?« Karl plumpste auf die Erde zurück. »Bei diesen Temperaturen?«

»Sie sitzt gut eingepackt in ihrem Tragekorb.«

Auf seinen über siebzigjährigen Beinen rannte Karl die Treppe hinunter, durch den Salon und das Foyer, er riss die Tür auf und stürzte zu Baptistes Lamborghini. Die Tür der Luxuskarosse fuhr hydraulisch in die Höhe.

»Choupette! Choupette ... Choupette ...«

Im nächsten Augenblick lagen sie einander in den Armen. Karl hielt sie gegen seine Brust gedrückt, sie klammerte sich an ihn, er spürte, wie ihre Krallen ihn schmerzhaft streichelten.

»Da bist du ja, da bist du ja wieder. Ich dachte ... Komm weg da, hier draußen ist es so kalt.«

Die Geliebte auf dem Arm, machte er kehrt, ohne Hast lief er mit ihr durch sein Haus. Baptiste erwartete die beiden im Salon. Stille trat ein, eine lange, schwere Stille. Stumm sahen die drei einander an, der alte Mann, der junge Mann und die Katze. Karl fasste sich ein Herz.

»Es tut mir leid, Baptiste, aber Choupette bleibt von nun an bei mir. Ich gebe sie dir nicht mehr zurück.«

GLOSSAR

S. 20: *Thon rouge sauvage.* Dt.: Wilder Blauflossen-Thunfisch

S. 20: *Bœuf de race Normande.* Dt.: Normannisches Rind

S. 21: *Bienvenue.* Dt.: Willkommen

S. 58: *On ne peut pas supposer qu'il sera satisfait de l'Autriche. Il possède les Sudètes, il a la Rhénanie, tous les signes indiquent la guerre. Et nous produisons du lait que ce soit en paix ou en guerre.* Dt.: Es ist nicht anzunehmen, dass er sich mit Österreich zufriedengibt. Er hat das Sudetenland, er hat das Rheinland. Alle Zeichen stehen auf Krieg. Aber wir produzieren weiter Milch, ob in Friedens- oder Kriegszeiten.

S. 62: *Arrêtez-vous!* Dt.: Anhalten!

S. 62: *Bon. C'est bien.* Dt.: Gut. So ist's gut.

S. 62: *Au revoir, messieurs.* Dt.: Auf Wiedersehen, meine Herren

S. 91: *What's the difference?* Dt.: Wo ist der Unterschied?

S. 100: *Je suis allé au marché aux fleurs, et j'ai acheté des fleurs.* Dt.: Ich bin zum Blumenmarkt gegangen und habe Blumen gekauft.

S. 103: *Cinémathèque française.* Definition: Die *Cinémathèque française,* ein französisches Filminstitut, gegründet 1935, sammelt Filme, die die Filmgeschichte geprägt haben, ebenso weniger bekannte Werke des unabhängigen Kinos. Zur Sammlung gehören außerdem zahlreiche Objekte wie Kostüme, Requisiten, Plakate, aber auch verschiedene Kameras. Die *Cinémathèque* mit Sitz in Paris organisiert eine Vielzahl von Filmvorführungen, Ausstellungen, Podiumsdiskussionen und anderen Veranstaltungen.

S. 105, 115: *beauté de diable.* Dt.: Wörtlich Teufelsschönheit; im übertragenen Sinne vielleicht: unwiderstehliche Schönheit.

S. 116: *comme ci comme ça.* Dt.: so lala

S. 157: *Bonjour, Martine, ça va?* Dt.: Hallo, Martina, wie geht's?

S. 188: *Cabane.* Dt.: Strandhütte

S. 193: *Fête de la Sainte Dévote.* Dt.: Fest der heiligen Devota. Die heilige Devota, eine Märtyrerin, ursprünglich aus Korsika, ist die Schutzpatronin Monacos. Am 27. Januar wird sie unter anderem mit einer feierlichen Prozession geehrt.

S. 203: *La belle et la bête.* Dt.: Die Schöne und das Biest